Unter den Obstsorten sind Äpfel besonders reich an Pektin - ein Ballaststoff, der von den Darmbakterien zu kurzkettigen Fettsäuren abgebaut wird. Und die wiederum dienen den guten Darmbakterien als Futter. Perfekt, dass Äpfel so vielseitig sind: Ob süß oder deftig kombiniert, ob roh, gebacken oder gebraten - Apfel geht immer.

Während der Gärung von Apfelessig bilden sich Milchsäurebakterien. Und genau die machen ihn so gesund für unseren Darm. Deswegen: am besten möglichst oft verwenden - in Salaten oder als Verfeinerung von Suppen und Eintöpfen, aber auch in einem Darm-Power-Drink am Morgen. Wichtig: Der Essig sollte nicht pasteurisiert sein!

KNAUR
MENSSANA

Über die Autorin:

Dagmar von Cramm ist eine der bekanntesten Food-Journalistinnen Deutschlands. Nach Ihrem Ökotrophologie-Studium arbeitete sie zunächst als Redakteurin, bevor sie sich 1984 selbstständig machte. Sie ist Mitglied im Präsidium der Deutschen Gesellschaft für Ernährung, im Food Editors Club und Ökotrophologenverband. In ihrem Freiburger Redaktionsbüro mit angeschlossener Versuchsküche entwickelt sie Rezepte und Beiträge für alle Kanäle von Youtube über Instagram bis zum klassischen Magazin. Ihre Bücher erreichten eine Auflage von über 4 Millionen. Als eine der prominentesten deutschen Expertinnen tritt sie regelmäßig in Fernsehsendungen auf und hält zahlreiche Vorträge zum Thema. Dagmar von Cramm hat drei erwachsene Söhne, eine wachsende Enkelschar und lebt mit ihrem Mann und Dackel in Freiburg i. Br. und in ihrer denkmalgeschützten Alten Mühle im Markgräfler Land.
https://www.dagmarvoncramm.de/

DAGMAR VON CRAMM

Iss deinen DARM gesund

Mit der richtigen Ernährung das **Mikrobiom** stärken

MIT 60 REZEPTEN

KNAUR
MENSSANA

Die in diesem Buch vorgestellten Anwendungen wurden von der Autorin und dem Verlag sorgfältig geprüft und haben sich in der Praxis bewährt. Da jeder Mensch für sich besonders ist, können wir allerdings Ergebnisse nicht garantieren. Der Verlag und die Autorin schließen jegliche Haftung für Gesundheits- und Personenschäden aus.

Besuchen Sie uns im Internet:
www.mens-sana.de

Die Verlagsgruppe Droemer Knaur hat sich zu einer nachhaltigen Buchproduktion verpflichtet. Gemeinsam mit unseren Partnern und Lieferanten setzen wir uns für eine klimaneutrale Buchproduktion ein, die den Erwerb von Klimazertifikaten zur Kompensation des CO_2-Ausstoßes einschließt. Weitere Informationen finden Sie unter www.klimaneutralerverlag.de

MIX
Papier | Fördert gute Waldnutzung
FSC® C004592
FSC www.fsc.org

Originalausgabe Februar 2024

Redaktion: Michaela Zelfel
Covergestaltung: Verena Metz | veridesigned
Coverabbildung: Gestaltung und Illustrationen von Verena Metz /
Bilder: Shutterstock, © Maks Narodenko / © An Nguyen, Foto Dagmar von Cramm: © yfood
Alle Rezeptfotos und Fotos von Dagmar von Cramm: Dagmar von Cramm by Ina Berdich
Alle Grafiken: le-tex publishing services/Leipzig unter Nutzung
von Illustrationen von Shutterstock.com
Cover-Illustrationen im Innenteil von Verena Metz,
weitere Illustrationen im Innenteil von Shutterstock.com
Illustrationen im Vor- und Nachsatz von Shutterstock.com
Layout: Lucas Meinhardt
Satz: Daniela Schulz
Lithografie: LUDWIG:media GmbH, Zell am See
Druck und Bindung: Firmengruppe APPL, aprinta druck GmbH, Wemding
ISBN 978-3-426-44761-1

5 4 3 2 1

INHALT

ABKÜRZUNGEN

EL = Esslöffel
TL = Teelöffel
Msp. = Messerspitze
Pck. = Päckchen
kg = Kilogramm
g = Gramm
ml = Milliliter
l = Liter
TK- = Tiefkühl...
cm = Zentimeter
mm = Millimeter
ø = Durchmesser
kcal = Kilokalorien
EW = Eiweiß
F = Fett
KH = Kohlenhydrate
BS = Ballaststoffe

EINLEITUNG

Was ist eigentlich los in unserem Darm? Während es früher eher ums Sattwerden ging, leiden heute immer mehr Menschen unter Unverträglichkeiten, Verdauungsproblemen, Allergien und richtigen Darmerkrankungen. Anfangs dachte ich: Das liegt an unserer Überflussgesellschaft. Wer sonst keine Probleme hat, der empfindet eben schon jeden Pups als Blähung, jeden gewölbten Bauch als krankhaft und beobachtet sich ständig selbst. Aber meine Recherchen haben mich eines Besseren belehrt.

Die Probleme sind in meiner Generation quasi explodiert. Vorher gab es weniger Schwierigkeiten mit Unverträglichkeiten und Allergien. Es ist nicht einfach, konkrete Zahlen zum Zuwachs der einzelnen Beschwerden zu finden. Denn vor Jahrzehnten war die Diagnostik noch nicht so weit wie heute, es gab wenig valide Untersuchungsmethoden zu Darmerkrankungen. Man nimmt aber an, dass es sehr viele Fälle von unentdeckter Zöliakie oder Lactoseintoleranz gab.

Allergien hingegen waren vor fünfzig Jahren ausgesprochen selten. Heute liegt der Anteil Betroffener bei etwa 28 Prozent. Chronische Darmkrankheiten wie Morbus Crohn und Colitis ulcerosa nehmen jährlich um zwei bis drei Prozent zu. Und das Reizdarmsyndrom hält inzwischen auch Einzug in Länder der Dritten Welt, die bisher nicht betroffen waren.

Aber selbst wenn Sie nicht an einer Darmerkrankung leiden – fragen Sie sich nicht auch öfter, ob Sie etwas nicht vertragen? Doch lieber lactosefreie Milchprodukte essen sollten? Oder glutenfrei leben? Mal auf Zucker verzichten oder auf rotes Fleisch? Und ob Ihnen Vollkorn oder Rohkost wirklich guttun? Das werde ich natürlich auch von meinen Lesern und Followern bei YouTube oder Instagram gefragt. Sie treiben Fragen um wie: Habe ich nicht mehr Blähungen als früher? Luft im Bauch? Warum bin ich häufiger erkältet als früher? Was kann ich für meine Darmgesundheit tun? Vor allem, bevor ich richtig krank werde? Was bedeuten FODMAP-Diät, Haferkur oder intermittierendes Fasten? Und tut das alles meinem Darm gut?

Als mein erster Beitrag zum Thema Darmgesundheit über Nacht mehr als 200 000 Aufrufe hatte, wurde mir klar: Wir brauchen Rat. Und zwar ganz praktisch und lebensnah. Was und wie sollen wir essen, damit unser Darm und somit auch wir gesund sind und bleiben? Und wie lässt sich das im Alltag ganz praktisch auf Dauer umsetzen in einer Lebensmittelwelt, die verwirrend vielfältig geworden ist?

Verstehen allein hilft leider nicht

In den folgenden Kapiteln möchte ich einen Blick auf die aktuellen Erkenntnisse der Wissenschaft werfen und zusammenfassen, was für unseren Darm förderlich ist – und was ihm schadet. Und warum das so ist.

Doch Veränderung kann erst durch Tun passieren. Und so habe ich speziell für die Darmgesundheit über sechzig köstliche und einfache Rezepte entwickelt, die Ihrer Mikrobiota guttun. Dabei erfahren Sie natürlich ebenso Hintergründe und Zusammenhänge. Sie können nach meiner Anleitung auch ganz leicht Grundlebensmittel zu Hause selbst fermentieren: Superfood für den Darm. Und ich stelle Ihnen Pläne für den Einstieg in die gesunde Darmkost vor. Das ist vor allem nach einer Antibiotikabehandlung wichtig – die killt nämlich zunächst ganz viele gute Darmbakterien. Auch wer bereits Darmprobleme hat, bekommt hier Hilfe, denn Darmpflege beginnt mit der Ernährung.

Insgesamt ist letztendlich unser westlicher Lebensstil für die Probleme mit dem Darm verantwortlich. Da ist zum einen die fehlende körperliche Bewegung: Sie hat schlechten Einfluss auf die Darmmotilität, also die Kontraktionen, mit denen der Darm den Speisebrei weiterschiebt. Und dann ist es unsere Ernährung, die sich fundamental verändert hat: Sie besteht zu einem immer größeren Teil aus verarbeiteten Lebensmitteln. Diese UPFs (*ultra-processed foods* = hoch verarbeitete Lebensmittel) machen inzwischen etwa die Hälfte der Kalorienzufuhr in den USA, Kanada, Großbritannien und Deutschland aus. Tendenz steigend. Was das für unseren Darm bedeutet, werden Sie in diesem Buch erfahren. Und noch viel mehr.

Doch lässt sich dieser Trend umkehren? Im großen Ganzen bin ich da skeptisch. Aber jeder Einzelne hat die Möglichkeit, seine Ernährung umzustellen – ohne von morgens bis abends in der Küche zu stehen. Am Anfang muss man sich ein paar Gedanken machen – ein wenig Planung hilft dabei. Sorgen Sie dafür, dass Sie immer frische Lebensmittel im Haus haben, kochen Sie gleich für zwei Mahlzeiten, bereiten Sie Ihr Frühstück schon am Vorabend vor. Prep – also Vorratsküche – hilft in jedem Fall. Und es hilft auch, einfach keine Fertigprodukte, Snacks und Süßes im Vorrat zu haben. Einfache Nüsse tun's ja auch. Meine Rezepte sollen Ihnen den Einstieg erleichtern. Fangen Sie einfach an: Ihr Darm wird es Ihnen danken!

DIE BASICS: Darmgesundheit und Ernährung

WISSENSWERT: DIE DARM-BASICS

Der Darm ist der große Unbekannte in unserem Körper. Die reinen Fakten sind schon lange bekannt: Er ist insgesamt etwa 20 Meter lang, hat durch viele kleine Zotten und Ausstülpungen eine riesengroße Oberfläche von etwa 200 Quadratmetern und beherbergt etwa 75 Prozent unserer Immunzellen. Unglaubliche 40 Milliarden Mikroben besiedeln unseren Dünndarm, weitere 38 Billionen den Dickdarm. Insgesamt schleppen wir etwa zwei Kilogramm Kleinstlebewesen mit uns herum.

Inzwischen wissen wir etwas mehr über sie – täglich erscheinen neue wissenschaftliche Studien zum Thema. Mit jeder Studie wächst die Erkenntnis: Der Darm hat wirklich mit allem zu tun. Doch auch die Fragen und Ungewissheiten nehmen zu. Denn viele der aktuellen Untersuchungen wurden an Tieren vorgenommen – liefern also für den Menschen noch keine sicheren Erkenntnisse, höchstens Vermutungen.

So gibt es eine geheimnisvolle Verbindung zwischen Darm und Hirn – das hat sogar einen Einfluss auf die Psyche. Auch eine Darm-Lungen-Achse existiert, das wurde im Zusammenhang mit der Covid-Therapie erforscht. Gute Darmbakterien konnten bei der Behandlung von Atemwegserkrankungen nämlich helfen. Alles hängt mit allem zusammen.

DER DARM UND SEIN (MIKRO)KOSMOS

Um die Zusammenhänge besser zu begreifen, sehen wir uns den Darm einmal genauer an: Er liegt zentral in der Mitte unseres Körpers, im Bauch, und hier trifft die Außenwelt in Form von Nahrung auf unser Inneres. Der Darm ist für die Aufnahme von Nährstoffen verantwortlich und für die Ausscheidung von unverdaulichen Resten. Gleichzeitig soll er uns vor dem Eindringen schädlicher Substanzen schützen. Also eine sehr widersprüchliche Aufgabe!

Unser Verdauungssystem

Der Verdauungsprozess beginnt streng genommen schon in unserem Mund: Dort zerkleinern unsere Zähne das Essen, und dabei beginnt bereits der erste Abbau der Kohlenhydrate durch die Amylase im Speichel. Durch Schlucken befördern wir den Speisebrei in den Magen. Dort verdauen Salzsäure und das Enzym Pepsin das Eiweiß in unserer Nahrung. Die Magensäure tötet zusätzlich Bakterien ab und schützt den Körper so vor Krankheiten. Erst dann wird der Speisebrei portionsweise in den Darm entlassen. Und zwar zunächst in den Dünndarm.

Er ist der längere Abschnitt des Darms und besteht aus drei Teilen: dem Zwölffingerdarm (Duodenum), dem Leerdarm (Jejunum) und dem Krummdarm (Ileum). Der Dünndarm ist für die eigentliche Verdauung und die Aufnahme von Nährstoffen verantwortlich. Hier wird der Speisebrei mit Verdauungsenzymen aus der Gallenblase und der Bauchspeicheldrüse weiter aufgespalten, bis Fette, Kohlenhydrate und Eiweiße in ihre Bausteine zerlegt sind. In dieser Form können sie von den Darmzellen aufgenommen und ans Blut und die Lymphe weitergegeben werden. Die Oberfläche des Dünndarms ist stark gefaltet und mit winzigen fingerartigen Ausstülpungen, den Darmzotten, bedeckt. Diese Strukturen erhöhen die Oberfläche. Hier tummeln sich nicht so viele Bakterien – schließlich werden hier die meisten Nährstoffe verdaut und aufgenommen, da möchte der Darm keine Nahrungskonkurrenz haben.

Die ist erst erlaubt, wenn unser Körper aus der Nahrung alles herausgezogen hat, was er kann: im Dickdarm. Dann dürfen die Bakterien übernehmen. Und sie bescheren uns damit zusätzlich Gutes. Der Dickdarm ist die letzte Station des Verdauungssystems. Er ist vom Dünndarm durch einen Schließmuskel getrennt, damit der Speisebrei nicht mehr zurückfließen kann. Den allerletzten Abschnitt des Darmes bildet der Mastdarm (Rektum), in dem alles Unverwertbare gesammelt und kontrolliert abgegeben wird.

Doch bleiben wir beim Dickdarm, wo der Darminhalt langsam hin und her bewegt wird. So kann der Körper einen großen Teil des Wassers und der Elektrolyte, also der Mineralstoffe, zurückgewinnen. Die Hauptfunktion des Dickdarms ist es nämlich, Wasser und Elektrolyte aus dem verbleibenden Darminhalt zu absorbieren und den Stuhl zu bilden. Einerseits muss er schädliche Keime und Parasiten abwehren, gleichzeitig aber die Darmbakterien tolerieren und Nährstoffe aufnehmen. Also verteidigen und offen bleiben – ein Balanceakt, bei dem ihm seine schützende Schleimschicht hilft. Diese ist Sitz der Darmbakterien, die als Darmflora oder Mikrobiota bezeichnet werden und aus unterschiedlichsten Bakterien, Pilzen und Viren bestehen. Sie verwerten vor allem unverdauliche Ballaststoffe und produzieren dabei kurzkettige Fettsäuren (SCFAs), Vitamine und andere wichtige Substanzen.

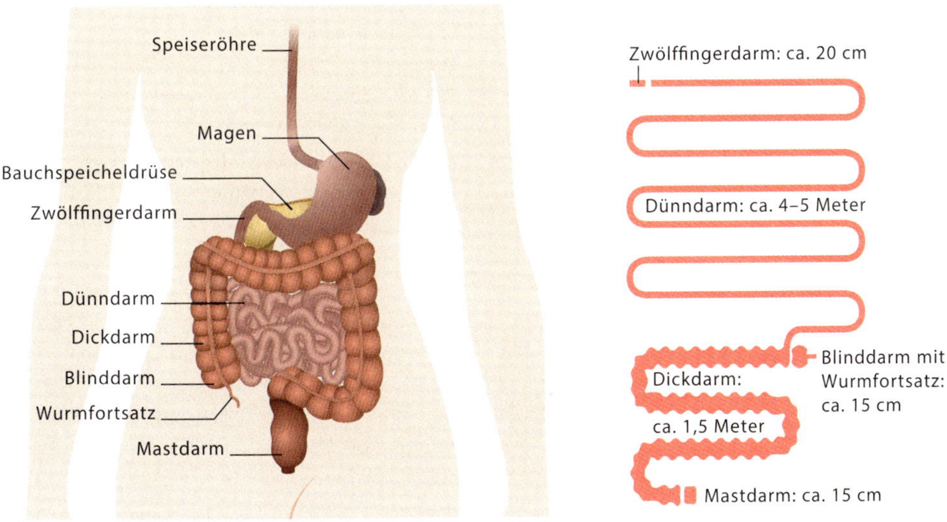

Abbildung 1: Der Weg unserer Nahrung und der Aufbau des Darms

Und genau das macht die Darmbakterien so wertvoll. Erst in den 2000er-Jahren wurde die Analyse der Darmbakterien durch neue technische Untersuchungsmethoden möglich, die große Mengen an genetischen Informationen schnell und kostengünstig durchleuchten. Seither ist die Menge der wissenschaftlichen Veröffentlichungen von 50 pro Jahr auf 11 000 gestiegen! Parallel steigt auch das Wissen um die vielfältige Wirkung des Mikrobioms.

Natürlich enthält nicht nur der Darm Mikroorganismen. Aber der Dickdarm beherbergt den Großteil von ihnen. Die guten

Darmbakterien leben dabei in einer Symbiose mit uns: Sie ernähren sich von den Nahrungsbestandteilen, die wir nicht verdauen können, und produzieren in ihrem Stoffwechsel Substanzen, die wiederum unsere Darmzellen füttern. Etwa zwei Kilo dieser Kleinstlebewesen schleppen wir mit uns herum – das ist ein wahrer Mikrokosmos.

KURZ UND KNAPP

Die Amylase beginnt mit der Verdauung von Kohlenhydraten im Mund, Pepsin und Salzsäure machen im Magen mit Eiweiß weiter. Im Dünndarm wird der Nahrungsbrei aufgespalten, bis Kohlenhydrate, Fette und Eiweiß in ihre kleinsten Bausteine zerlegt sind. So können sie von den Darmzellen aufgenommen werden. Während im Dünndarm eher weniger Darmbakterien zu finden sind, ist im Dickdarm richtig was los. Die guten Darmbakterien verwerten hier die unverdaulichen Ballaststoffe und produzieren daraus vor allem wertvolle kurzkettige Fettsäuren.

Die Darmbarriere

Die schützende Schicht von Zellen und Schleim, die den Darm innen auskleidet, nennt man Darmbarriere. Sie wirkt wie eine Verteidigungslinie gegen schädliche Mikroorganismen, Giftstoffe und andere womöglich schädliche Substanzen. Die Barriere ist in drei Schichten aufgebaut:

1. Die erste Schicht bilden die Darmepithelzellen, die die Innenwand des Darms überziehen, dicht an dicht. Sie sind eng miteinander verbunden und verhindern durch diese *tight junctions,* dass unerwünschte Substanzen in unser Blut und unsere Lymphe geraten.
2. Die zweite Schicht besteht aus Schleim und Glykoproteinen, die die Darmzellen nicht nur vor mechanischen Verletzungen bewahren, sondern auch schädliche Keime abwehren. Dafür sind Moleküle verantwortlich. Sogenannte Muzine sind dabei der Hauptbestandteil. Sie bestehen aus großen Proteinen, die sich im Schleim verflechten und antimikrobielle Eigenschaften haben. Gleichzeitig gibt die Haut des Darms Verdauungssäfte ins Darmlumen ab. Beides ist für die Regeneration der Schleimschicht wichtig.
3. Der Dritte im Bunde der Darmbarriere ist die Darmmikrobiota. Diese Mikroorganismen leben im Bereich des Schleimes. Sie helfen bei der Verdauung von unverdaulichen Nahrungsbestandteilen, produzieren dabei Nährstoffe und stärken die Darmbarriere. Sie nehmen den schädlichen Mikroorganismen die Nahrung weg und dämmen sie so ein. Darüber später mehr.

Zusätzlich beherbergt der Darm Immunzellen wie Lymphozyten und Makrophagen. Wenn sie eine Bedrohung erkennen, wehren sie diese ab. Auch Immunglobulin A (IgA) wird im Darm produziert. IgA bindet Krankheitserreger und entschärft sie dadurch. All diese Abwehrzellen werden an unterschiedlichen Orten gebildet, zum Beispiel im Bindegewebe direkt unter den Epithelzellen (Lamina propria), aber auch zwischen den Epithelzellen im Lymphgewebe im Darm (Peyer-Plaques). Auch im Blinddarm, genauer gesagt in seinem Wurmfortsatz, scheinen solche Abwehrzellen gebildet zu werden.

Wichtig für die Barriere ist auch die sogenannte Peristaltik: Der Darm befördert durch regelmäßige leichte Kontraktionen den Speisebrei weiter. Das wird von der äußerlichen Bewegung des Körpers unterstützt: Wer joggt oder walkt, gibt seinem Darm reichlich Impulse. Deshalb spielt Bewegung für die Verdauung eine Riesenrolle. Sich bei Blähungen ins Bett zu legen ist also die falsche Strategie. Lieber sehr bewusst in den Schmerz atmen und einen strammen Spaziergang machen. Säuglinge haben diese Möglichkeit noch nicht. Deshalb hilft ihnen Gymnastik auf dem Wickeltisch, Babymassage und Herumgetragen-Werden.

Wir sehen: Die Darmbarriere ist ein hochkomplexes System. Es schützt auf vielfältige Weise unseren Körper vor schädlichen Substanzen und Krankheitserregern und lässt gleichzeitig alle lebensnotwendigen Nährstoffe passieren – eine unglaublich komplexe Leistung! Sie sorgt dafür, dass nur Gutes aufgenommen wird – vorausgesetzt, sie ist intakt und gesund. Die Darmbakterien selbst sind sogar an der Bildung wichtiger Vitamine beteiligt.

DIESE VITAMINE BILDET DIE DARMMIKROBIOTA

- Vitamin K für die Blutgerinnung und gesunde Knochen
- Biotin (Vitamin B_7) für alle Stoffwechselprozesse und die Gesunderhaltung von Haaren, Haut und Nägeln
- Vitamin B_{12} für die Bildung der roten Blutkörperchen, die Zellteilung und eine gesunde Nervenfunktion. Ohne die Zufuhr von Lebensmitteln tierischen Ursprungs ist die Bildung von B_{12} allerdings nicht möglich. Deshalb müssen Veganer dieses Vitamin als Supplement zu sich nehmen.

KURZ UND KNAPP

Die Darmbarriere kleidet den Darm von innen aus und ist ein Schutz gegen schädliche Mikroorganismen und Giftstoffe. Zwischen den Darmzellen sorgen *tight junctions* dafür, dass nichts Unerwünschtes in den Körper gelangt. Die Barriere besteht aus drei Schichten:

- Darmepithelzellen verhindern, dass unerwünschte Substanzen in Blut und Lymphe geraten.
- Schleim und Glykoproteine schützen Darmzellen vor mechanischen Verletzungen und schädlichen Keimen.
- Die Darmmikrobiota hilft bei der Verdauung, produziert selbst Nährstoffe und stärkt die Darmbarriere.
- Außerdem wichtig: die Peristaltik. Sie befördert den Speisebrei durch Kontraktionen. Dabei hilft auch körperliche Bewegung: also spazieren gehen statt liegen!

Die Darm-Hirn-Achse

Es gibt Verbindungen zwischen unserem Darm, dem Rückenmark und unserem Gehirn, die uns nicht bewusst sind. Das heißt: Diese Systeme kommunizieren quasi hinter unserem Rücken miteinander. Entscheidend dabei ist der Vagusnerv. Er überträgt Botschaften zwischen Darm und Gehirn in beide Richtungen. Das bedeutet: Unser Gehirn sendet fortlaufend Informationen an den Darm – und der wiederum schickt aktuelle Meldungen zurück. Darüber beeinflusst er die Herzfrequenz, die Verdauung, Entzündungsreaktionen und letzten Endes auch Stimmungen – ohne dass es uns bewusst ist. Inzwischen wird auch ein Zusammenhang mit Depressionen vermutet.

Die Blut-Hirn-Schranke, die eine Barriere zwischen Blutkreislauf und Gehirn bildet, ist für Signale aus dem Darm kein Hindernis. Dadurch ist unser Verdauungssystem mit dem Nervensystem eng verbunden. Der Darm produziert auch Hormone, die die Psyche beeinflussen: Serotonin und Dopamin sind solche Substanzen, die auf die Stimmung und die Wahrnehmung einwirken.

Auch das Immunsystem, das im Darm aktiv ist, sendet Signale und kann so im Gehirn Entzündungsreaktionen auslösen, die psychische und neurologische Krankheiten zur Folge haben. So beeinflusst die Mikrobiota mit den Substanzen, die sie produziert, unsere psychische Verfassung und Gesundheit. Dieser Mechanismus wird auch als Mikrobiom-Gehirn-Kommunikation bezeichnet. Wenn wir sie gesund erhalten, geht es uns insgesamt besser. Der Darm bzw. die Darmflora scheint also ein wichtiger Schlüssel zu Glück und Wohlbefinden zu sein. Grund genug, sich mit ihr näher zu beschäftigen.

KURZ UND KNAPP

Über die Darm-Hirn-Achse überträgt der Vagusnerv Botschaften zwischen Darm und Gehirn. So beeinflusst unser Darm auch Herzfrequenz, Verdauung, Entzündungsreaktionen und sogar Psyche und Stimmung.

Das Darmmikrobiom

Das interaktive Ökosystem in unserem Darm, das aus unterschiedlichen Bakterien, Viren, Pilzen und anderen Mikroorganismen, aber auch aus ihren Stoffwechselprodukten und Strukturelementen besteht, nennt man Darmmikrobiom. Es ist entscheidend für die Verstoffwechselung unserer Nahrung. Einfach gesagt: Es beeinflusst, was wir aus unserem Essen machen.

Jeder Mensch hat ein anderes, individuelles Mikrobiom. Deshalb ist es unmöglich, die perfekte Zusammensetzung der Bakterien zu ermitteln. Klar ist nur: Naturvölker, die sich von wild wachsenden pflanzlichen Lebensmitteln und etwas Fleisch und Fisch aus eigenem Fang und eigener Jagd ernähren, wie die Yanomami-Indianer am Amazonas, haben bis zu doppelt so viele Bakterien in ihrem Stuhl als westliche Durchschnittsbürger. Das scheint vor chronischen Krankheiten wie Asthma, Diabetes, Krebs und vielleicht sogar vor Übergewicht und Depressionen zu schützen.

Warum haben wir so viel weniger Darmbakterien als Naturvölker? Und was lässt sich dagegen tun? Betrachten wir die Entwicklung unseres Mikrobioms im Laufe unseres Lebens.

Von Anfang an

Schon bei der Geburt nimmt das Baby auf dem Weg durch den Geburtskanal die Keime der Mutter auf. Es überwiegen die Lactobazillen und Bifidobakterien. Daraus entwickeln sich eine erhöhte Vielfalt an Mikroorganismen und ein besserer Schutz vor Krankheitskeimen. Doch mittlerweile wird ein Drittel der Kinder bei uns per Kaiserschnitt geboren. Das hat Folgen für die Mikrobiota: Sie ist derjenigen der Hautoberfläche von Mutter und Klinikpersonal ähnlich. Die negativen Staphylokokken überwiegen, und die Vielfalt der Bakterien ist geringer. Das Risiko für Diabetes und Asthma steigt. Das kann nur zum Teil durchs Stillen kompensiert werden.

Inzwischen wird versucht, die typischen Darmbakterien des Vaginalsekrets der Mutter mit Q-Tips oder einem Läppchen auf das Baby zu übertragen. Das sollte vor der Entbindung mit dem Arzt oder der Ärztin besprochen werden. Meist übernimmt das dann die Hebamme. Ob es wirklich eine langfristig positive Wirkung hat, muss sich noch zeigen. Aber es schadet gewiss nicht!

Besonders wichtig für die weitere Entwicklung der Darmmikrobiota sind die Humanen Milch-Oligosaccharide (HMO – eine Art von Zucker) in der Muttermilch. HMOs sind für Babys unverdaulich und wirken somit als Nahrung für seine Mikrobiota. Zudem schützen sie den Darm des Babys vor Fehlbesiedlung, Krankheitserregern und Entzündungsreaktionen. Kinder, die nie gestillt wurden, haben ein höheres Risiko, an Übergewicht und Adipositas zu erkranken. Hier besteht ein wahrscheinlicher Zusammenhang zur Mikrobiota, die durch das Stillen vielfältiger und besser ausgeprägt wird. Kinder mit akuter Mangelernährung bzw. Mangel an Muttermilch weisen eine geringere Vielfalt an Mikroorganismen auf. Die Vielfalt und Zusammensetzung des Mikrobioms hängt von der Muttermilchaufnahme pro Tag ab: je mehr, desto besser.

Das Mikrobiom von Babys ist allgemein in den ersten 100–1000 Tagen beeinflussbar. Wann sich dieses Fenster der Fluidität schließt, ist noch nicht eindeutig erforscht. Auch die frühkindliche Ernährung beeinflusst also noch die Entwicklung des Darmmikrobioms und kann die Bakterienvielfalt erhöhen. Die wichtigste Rolle spielt dabei die Muttermilch, aber auch eine vielfältige Beikost kann das Mikrobiom positiv prägen. Das widerspricht der alten Lehrmeinung, eine monotone und späte Beikost sei der Schlüssel zu weniger Allergien und Unverträglichkeiten. Es ist wohl genau andersherum. Vielseitig soll die Beikost sein und zunächst kleine Mengen der neuen Lebensmittel beinhalten.

Neben dem Einfluss auf das Mikrobiom sind die ersten 1000 Tage auch auf anderen Ebenen prägend. Auf genetischer Ebene und in Bezug auf das Risiko, an Adipositas zu erkranken, wird vom 1000-Tage-Fenster gesprochen. Die Epigenetik erforscht, wie in dieser Zeit Gene ein- und ausgeschaltet werden, ohne dass die Ursprungs-DNA verändert wird. In den ersten Lebensjahren ist das Mikrobiom noch flexibel und lässt sich durch eine optimale Ernährung positiv formen. Wann sich dieses Präge-Fenster schließt, ist noch unklar.

Um auf die Yanomami-Indianer zurückzukommen: Die Forscher nahmen ihre Kinder mit und lebten zu Forschungszwecken 16 Tage bei den Yanomami. Die Darmmikrobiota der Erwachsenen war danach zwar unverändert, aber sie hatten abgenommen und hatten eine bessere Verdauung. Die Mikrobiota der Kinder glich sich derjenigen der Indianer an: ein weiterer Beleg dafür, dass sich die Zusammensetzung der Darmbakterien bei Kindern leichter verändert als im späteren Leben. Hier lässt sich die Grundlage legen für ein gesundes Mikrobiom in den weiteren Lebensjahren. Eine gute Voraussetzung dafür sind eine gesunde Ernährung und ein vielfältiges Darmmikrobiom der Elterngeneration.

In Untersuchungen hatten Kinder ein besonders stabil vielfältiges Mikrobiom, wenn sich ihre Eltern oder sogar Großeltern bereits vollwertig ernährt und entsprechend eine reiche Bakterienwelt im Darm hatten. Vielleicht lässt sich also Darmgesundheit auch vererben? Zumindest die Veranlagung dazu. Denn füttern müssen wir unsere Bakterien natürlich selbst – ein Leben lang.

Eine Ärztin der WHO berichtete auf einer Fachtagung von einem Dorf im abgelegenen Norden Pakistans, wo die Großmutter mütterlicherseits nach der Geburt eines Enkelkindes einen Kräuteransatz, der in der Familie über Generationen weitervererbt wird, in den Mund des Neugeborenen träufelte. Eine frühe »Impfung« mit den Familienbakterien?

KURZ UND KNAPP

Die Ausbildung der Mikrobiota beginnt bereits bei der Geburt. Die ersten Keime, die ein Baby aufnimmt, sind die aus dem Geburtskanal der Mutter oder – bei einem Kaiserschnitt – die der Hautoberfläche von Mutter und Klinikpersonal. Letzteres führt zu einer geringeren Vielfalt der Darmmikrobiota. Beeinflussbar ist das Mikrobiom eines Babys in den ersten 100–1000 Tagen sowohl über die Muttermilch als auch über die Beikost. Je höher die Muttermilchaufnahme, desto vielfältiger und ausgeprägter das Mikrobiom.

Ende gut, alles gut?

Im weiteren Verlauf des Lebens macht sich eine darmgesunde Ernährung im Mikrobiom bemerkbar. Doch im Alter nimmt die heilsame Bakterienvielfalt im Darm tendenziell ab. Gerade die Bakterien, die die Immunkräfte stärken, werden weniger. Und die, die für entzündliche Prozesse im Darm verantwortlich sind, können zunehmen. Woran das liegt? Die Wissenschaft hat mehrere Auslöser benannt:

- schlechte Zähne – verringertes Kauen
- verringerte Speichelproduktion
- schwächeres Immunsystem
- chronische Entzündungen
- häufiger Medikamentengebrauch
- weniger Ballaststoff- und Flüssigkeitsaufnahme
- Mangelernährung
- Veränderung im Wohnraum

So hatten ältere Menschen, die in Heimen lebten, eine geringere Vielfalt der Darmflora vorzuweisen als diejenigen, die zu Hause wohnten. Außerdem scheint das Mikrobiom im Alter weniger Nährstoffe zu produzieren und – im Gegenteil – mit ihrem Wirt, also dem Menschen, auch noch um dieselben Nährstoffe zu konkurrieren. In der Folge tut der Wirt weniger für sein Mikrobiom – dessen Aktivitäten nehmen ab. Darunter leiden die Darmzellen, denn sie brauchen ja die Abbauprodukte der Bakterien, die kurzkettigen Fettsäuren, als Nahrung. Bei schlecht versorgten Darmzellen leidet die Darmbarriere, und es entstehen Schäden in den *tight junctions:* Lecks zwischen den Darmzellen. Entzündungen konnen auftreten und damit altersbedingte Erkrankungen.

Forschung an Fischen konnte eine Verjüngung des Mikrobioms von alten Wirten durch die Übertragung von Darmbakterien eines jungen Spenders erreichen. Das machte das Mikrobiom wieder fit – eine Art Verjüngungskur für den Darm, die eine Tür für ungeahnte Möglichkeiten öffnet. Dazu muss aber noch intensiv geforscht werden. Beim Menschen ist solch eine »Stuhlübertragung« bisher immerhin bei Colitis ulcerosa in manchen Fällen erfolgreich.

Doch das ist Zukunftsmusik. Hier soll es um die Frage gehen: Was können Ältere tun, um ihr Mikrobiom fit zu halten? Eigentlich alles, was auch Jüngere tun sollten: darmgesund essen, sich reichlich bewegen, ausreichend schlafen und auf Ungesundes wie Rauchen, Alkohol, Zucker, weißes Mehl und fettes, rotes Fleisch verzichten. Und etwas, was den Älteren oft leichter fällt: feste Mahlzeiten einplanen und Esspausen einlegen zwischen den Mahlzeiten.

KURZ UND KNAPP

Im Alter nimmt die Vielfalt des Darmmikrobioms tendenziell ab. Ursachen dafür sind unter anderem eine verringerte Speichelproduktion, ein schwächeres Immunsystem, weniger Bewegung und andere altersbedingte Probleme. Zudem produziert das Mikrobiom selbst weniger Nährstoffe, was zu schlecht versorgten Darmzellen und Schäden in der Darmbarriere führt. Dies wiederum kann Entzündungen und altersbedingte Erkrankungen hervorrufen. Was hilft? Das Gleiche wie auch bei jungen Menschen: ein gesunder Lebensstil.

DIE MAGISCHE WIRKUNG DER KURZKETTIGEN FETTSÄUREN

Darmbakterien können für uns unverdauliche Substanzen, die Ballaststoffe, abbauen. Das ist schon länger bekannt. Doch warum ist das so wichtig? Die guten Bakterien bauen einen Teil der unverdaulichen Bestandteile unseres Essens zu kurzkettigen Fettsäuren (SCFAs, für engl.: *short chain fatty acids*) ab. Je nach Bakterienstamm entstehen Essigsäure (Acetat), Propionsäure und Buttersäure (Butyrat). Diese Fettsäuren, allen voran Butyrat, haben viele positive Wirkungen im Darm und damit im gesamten Körper. Sie sind echte Alleskönner:

- Sie ernähren die Darmzellen, werden von ihnen aufgenommen und wiederum zur Energiegewinnung genutzt. Das erhält die Vitalität und Gesundheit der Darmschleimhaut und insgesamt des Darms.
- Sie sorgen für eine schützende Schleimschicht im Darm und stärken die Darmbarriere, indem sie die *tight junctions* zwischen den Darmzellen stabilisieren und das Eindringen unerwünschter Substanzen und Krankheitserreger verhindern.
- Sie hemmen Entzündungen im Darm, indem sie entzündungsfördernde Zytokine reduzieren. Das sind Proteine, die als Signalstoffe in unserem Immunsystem fungieren.
- Sie unterstützen unser Immunsystem, da sie die Bildung von T-Zellen fördern. Diese wiederum spielen eine wichtige Rolle bei der Immunantwort unseres Körpers.
- Sie regen die innere Darmbewegung, die Darmmotilität, an und sorgen für ein saures Darmmilieu. Das wiederum hemmt das Wachstum schädlicher Mikroorganismen und fördert gute Darmbakterien.
- Sie verbessern die Aufnahme von Mineralstoffen wie Calcium und Magnesium im Darm, indem sie die Löslichkeit der entsprechenden Verbindungen verbessern.
- Sie spielen eine Rolle beim Entstehen des Sättigungsgefühls und können so helfen, unseren Appetit zu regulieren.
- Sie scheinen der Schlüssel für die Darm-Hirn-Achse zu sein. Es wird erforscht, wie sie an der »Datenübertragung« zwischen Darm und zentralem Nervensystem beteiligt sind.

Mit anderen Worten: Es sind wohl die kurzkettigen Fettsäuren, die für die Darmgesundheit entscheidend sind und vielgestaltige Aufgaben im Darm erfüllen. Deshalb sind diejenigen Mikroorganismen positiv, die viele dieser Fettsäuren produzieren. Und alles, was das behindert, wirkt negativ.

KURZ UND KNAPP

Darmbakterien bauen Ballaststoffe ab. Dabei entstehen kurzkettige Fettsäuren wie Essig-, Propion- und Buttersäure. Diese haben wichtige positive Wirkungen im Darm. Sie erhalten die Darmschleimhaut gesund und stärken die Darmbarriere. Außerdem hemmen sie Entzündungen, unterstützen unser Immunsystem und regen die Darmbewegung an. Schließlich verbessern sie die Aufnahme von Mineralstoffen im Darm, helfen bei der Appetitregulierung und sind an dem »Austausch« über die Darm-Hirn-Achse beteiligt.

WAS DER DARMMIKROBIOTA SCHADET

Der westliche Lebensstil insgesamt scheint negative Folgen für das Mikrobiom zu haben. Das haben wir bereits im vorherigen Kapitel bei dem Vergleich mit den Ureinwohnern im Amazonasgebiet gesehen, wir sehen es aber auch beispielsweise in Afrika, wo der Darm der dort lebenden Menschen von doppelt so vielen unterschiedlichen Kleinstlebewesen besiedelt ist wie der eines Durchschnittsamerikaners. Und je vielfältiger, desto stabiler ist unser Mikrobiom.

Darüber hinaus spielt es eine große Rolle, welche Mikroorganismen im Darm vorherrschen. Es gibt nämlich Arten, die die Darmbarriere angreifen, zu Entzündungen und letzten Endes zu Tumoren führen. Auch chronische Darmerkrankungen wie Reizdarm, Morbus Crohn und Colitis ulcerosa sind immer von einem negativ veränderten Darmmikrobiom begleitet. Inzwischen bringt man auch Erkrankungen wie Parkinson, Alzheimer, Depressionen, Autismus und Angststörungen in Verbindung mit einem krankhaft veränderten Mikrobiom – einer sogenannten Dysbiose. Allerdings ist nicht immer klar, ob das eine Folge der Erkrankung ist oder der Auslöser.

Ernährungsunabhängige Faktoren, die unsere Darmmikrobiota schädigen

Unabhängig von unserer Ernährung gibt es einige Faktoren, die sich negativ auf unsere Darmmikrobiota auswirken. Mangelnde Bewegung zum Beispiel: Weniger Bewegung hat weniger Stoffwechselaktivität zur Folge – und das ändert die Verfügbarkeit von Nährstoffen zum Nachteil der Bakterien. Außerdem nehmen Entzündungen im Körper zu – auch das tut dem Mikrobiom nicht gut. Die Darmbewegung nimmt ab, wenn der Körper nicht aktiv ist – das ist schlecht, weil sich der Transport von Nahrung und Stoffwechselprodukten verzögert. Selbst Hormone werden durch Bewegung verändert. Ebenso unser Immunsystem.

Schlafmangel kann ebenfalls das Mikrobiom schädigen. Er hat eine ähnliche Wirkung auf das Mikrobiom wie Bewegungsmangel.

Auch Stress beeinträchtigt die Darmbakterien und ihre Vielfalt. Das unterstreicht nochmals die Bedeutung der Darm-Hirn-Achse. Die stressbedingte Freisetzung der Hormone Cortisol und Katecholamin verändert nicht nur das Gehirn, sondern auch die Mikrobiota. Am Ende kann ständiger Stress zu einem Schaden an der Darmbarriere führen. Dadurch können Gifte und Krankheitskeime in den Blutkreislauf gelangen. Entzündungen nehmen zu – und die Ernährung wird in der Regel schlechter.

Weitere belastende Faktoren sind Alkohol und Tabak, Umweltgifte und Übergewicht. Und last, but not least Medikamente, vor allem Antibiotika. Denn die töten die Bakterien im Darm zunächst ab – nicht nur die bösen, sondern auch die guten.

KURZ UND KNAPP

Von der Ernährung unabhängige Faktoren, die unsere Darmmikrobiota schädigen, sind mangelnde Bewegung, Schlafmangel und Stress. Außerdem Alkohol und Tabak, Umweltgifte und Übergewicht sowie Medikamente, insbesondere Antibiotika.

Nahrungsfaktoren, die unsere Darmmikrobiota belasten

In diesem Buch jedoch geht es um Ernährung, und so stellt sich die Frage: Welche Nährstoffe und Lebensmittel belasten unsere guten Darmbakterien? Was in unserer Ernährung ist für die zunehmenden Probleme mit unserem Darm verantwortlich? Die Antwort ist keine Überraschung: alle Gerichte und Lebensmittel, die eng mit unserer modernen westlichen »Wohlstandsdiät« zu tun haben. Sie enthalten wenig Ballaststoffe, die der Schlüssel zu einem gesunden Darm sind. Davon später mehr.

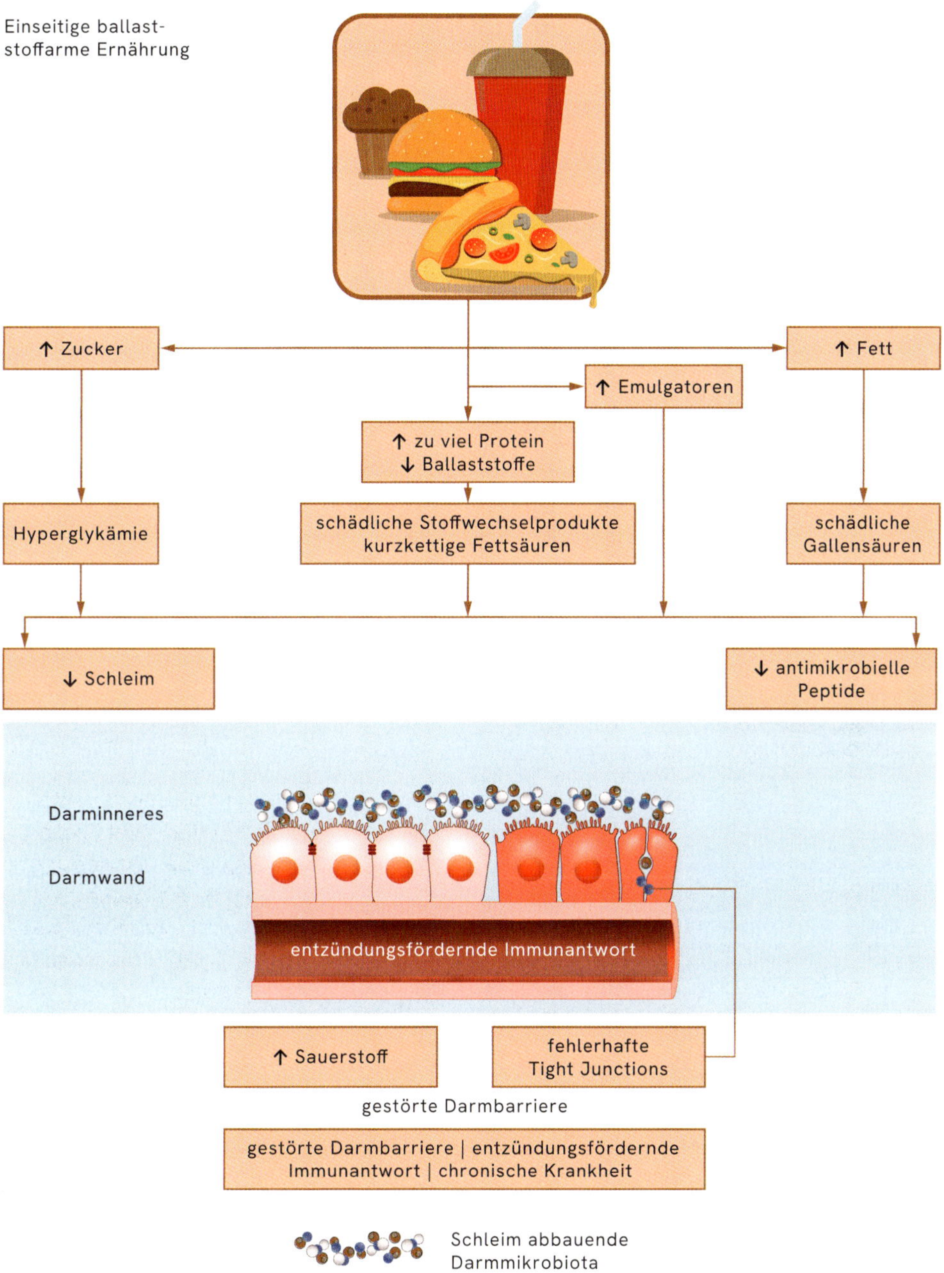

Abbildung 2: Fast Food, viel Fett, Zucker und Eiweiß schaden dem Mikrobiom und der Darmschleimhaut.

Die ungünstigen Nährstoffe sind im Einzelnen:

- Zucker und Weißmehl, auch Stärke und Weißbrot – sie hungern die guten Bakterien aus, da sie kaum Ballaststoffe enthalten, die Futter für die guten Bakterien sind.
- Salz schadet einigen guten Bakterien und lässt schädliche wachsen. Das scheint der Grund dafür zu sein, warum Salz den Blutdruck steigen lässt. Jedoch reagieren nicht alle Menschen in dieser Weise – wieder ein Beleg dafür, dass das Mikrobiom eine höchst individuelle Angelegenheit ist.
- Alkohol gefällt dem Mikrobiom ebenfalls nicht. Genauso wenig wie Nikotin.
- Mit Fett kann das Mikrobiom gleichfalls nichts anfangen – es macht den Bakterien das Leben schwer, denn sie können es nicht verstoffwechseln. Das heißt natürlich nicht, dass wir auf Fett verzichten sollten. Speziell die mehrfach ungesättigten Fettsäuren sind lebensnotwendig für uns. Aber viel gesättigte, ungesunde Fette in der Nahrung schaden dem Mikrobiom. Für die ungesättigten, gesunden Fette gilt das nicht.

KURZ UND KNAPP

Die westliche Ernährung wirkt sich negativ auf die Darmmikrobiota aus: Wir nehmen zu viel verarbeitete Lebensmittel zu uns und dadurch zu viel Emulgatoren, Süßstoffe, Zucker, Salz, ungesundes Fett, Kalorien. Im Gegenzug essen wir zu wenig ursprüngliche, frische Lebensmittel und erhalten dadurch zu wenig Ballaststoffe, zu wenig Bioaktivstoffe und zu wenig gesunde Fettsäuren.

DAS EIWEISS IN UNSERER NAHRUNG

Der Proteinstoffwechsel und die Darmmikrobiota sind eng miteinander verbunden. Sie beeinflussen unsere Gesundheit maßgeblich. In vielen Publikationen liest man, dass pflanzliches Eiweiß dem Mikrobiom besser bekommt als tierisches. Das nahm ich zunächst auch an – denn das pflanzliche Eiweiß ist in der Regel mit Ballaststoffen verbunden, zum Beispiel in Hülsenfrüchten, Getreidevollkorn, Nüssen und Saaten. Aber wissenschaftliche Studien kommen zu einem ganz anderen Ergebnis. Es geht in erster Linie um die leichte Verdaulichkeit! Sie beeinflusst die Zusammensetzung und Funktion unserer Darmmikrobiota. Die richtige Auswahl der Nahrungsproteine ist daher von großer Bedeutung, um eine positive Wirkung auf unsere Darmmikrobiota und unsere Gesundheit zu erzielen. Die Proteinmenge, die Proteinquelle und auch die Verarbeitungstechnologie der Lebensmittel spielen dabei eine entscheidende Rolle.

Während des Verdauungsprozesses werden die Proteine aus unserer Nahrung im Dünndarm in Aminosäuren (AS) aufgespalten. Diese dienen den Darmmikroben als Bausteine für ihre eigene Proteinsynthese. Was nicht verdaut wird, gelangt hauptsächlich in den Dickdarm. Hier wird es von den dort lebenden Bakterien zu verschiedenen bakteriellen Stoffwechselprodukten fermentiert. Dazu gehören kurzkettige Fettsäuren (SCFAs), die eine positive Rolle in der Darmgesundheit spielen. Aber es entstehen auch schädliche Fäulnisprodukte. Je nach schädlichem Potenzial und Konzentration dieser Stoffwechselprodukte im Darm können sie negative Auswirkungen auf unseren Körper haben. Das Risiko für entzündliche Darm- und Stoffwechselerkrankungen wird möglicherweise erhöht.

DIE ROLLE DER VERARBEITUNGSTECHNOLOGIEN

Auch die Verarbeitungstechnologien der Lebensmittel beeinflussen die Wirkung der Nahrungsproteine auf unsere Darmmikrobiota. Sanfte Garverfahren wie Sous-vide, Dünsten oder Dämpfen haben einen positiven Effekt auf die Proteinverdaulichkeit. Intensives Erhitzen wie Schmoren, Braten und Grillen können die Verdaulichkeit negativ beeinflussen.

Je leichter verdaulich, desto besser

Der Grad der Verdaulichkeit bezeichnet den Anteil eines Lebensmittels, der verwertet, also nicht wieder ausgeschieden wird. Proteine mit einer hohen Verdaulichkeit sind für die Darmgesundheit vorteilhafter als Proteine, die nur schwer verdaulich oder sogar unverdaulich sind. Unverdautes Protein gelangt nämlich in den Dickdarm und wird dort von eher schädlichen Bakterien fermentiert. Dadurch entstehen verschiedene schädliche Verbindungen. Gleichzeitig kann es zu einem Rückgang nützlicher Mikroben kommen. Solch eine Störung des Gleichgewichts der Darmmikrobiota wird, wie schon erwähnt, mit einem erhöhten Risiko für entzündliche Darm- und Stoffwechselerkrankungen in Verbindung gebracht.

Leicht verdauliche Proteine hingegen gelangen erst gar nicht in den Dickdarm: Sie werden vorher abgebaut und schon im Dünndarm aufgenommen. Das trägt zur Wiederherstellung des Gleichgewichts der Darmmikrobiota und zur Reduzierung schädlicher Stoffwechselprodukte bei. Mit anderen Worten: Eiweiß im Dickdarm tut der Darmmikrobiota nicht so gut. Deshalb ist solches Eiweiß am besten, das leicht verdaulich ist und schon im Dünndarm zerlegt und aufgenommen wird.

Die Menge macht's

Ebenfalls wichtig ist die gesamte Proteinzufuhr: Essen wir mehr Protein, als unser Körper benötigt, nimmt die Menge an unverdautem Eiweiß im Dickdarm zu. Das Wachstum schädlicher Bakterien steigt. Die Darmbarriere und das Immunsystem werden beeinflusst und das Risiko für Stoffwechselerkrankungen erhöht. Die Darmmikrobiota scheint allerdings auch negativ von einer langfristig proteinarmen Ernährung betroffen zu sein. Die Anzahl potenziell schädlicher Substanzen wird erhöht und die Anzahl von positiven verringert. Demnach kann sowohl eine zu hohe als auch eine zu niedrige Proteinaufnahme negative Auswirkungen auf die Darmmikrobiota haben.

KURZ UND KNAPP

Die richtige Auswahl der Proteine ist von großer Bedeutung, um eine positive Wirkung auf unsere Darmmikrobiota zu erzielen. Entscheidend sind dabei Proteinmenge, Proteinquelle und die Verarbeitungstechnologie der Lebensmittel. Proteine, die im Dünndarm nicht verdaut werden, gelangen in den Dickdarm und werden dort von den Darmbakterien fermentiert, wobei potenziell schädliche Fäulnisprodukte entstehen. Diese können negative Auswirkungen auf den Körper haben. Je besser verdaulich die Proteine also sind, desto besser ist es für unsere Darmgesundheit.

Sind pflanzliche Eiweiße besser als tierische?

Vermutlich sind nun viele Leser*innen überrascht: Am Ende sind Proteine tierischen Ursprungs in der Regel leichter verdaulich als pflanzliche Proteine. Als tierische Proteinquelle ist helles Fleisch aufgrund seiner erhöhten Anzahl probiotischer Bakterien besser geeignet als rotes Fleisch und nicht fleischliche Proteine. Auch wird ein übermäßiger Konsum von rotem Fleisch eher mit Gesundheitsrisiken in Verbindung gebracht. Doch ganz so schädlich scheint rotes Fleisch für den Darm nicht zu sein: Es wirkt kurzfristig auf die Darmmikrobiota positiver als zum Beispiel Sojaeiweiß. Auch Milcheiweiß hat eine ausgesprochen günstige Wirkung auf die Darmmikrobiota – erst recht, wenn es zu Joghurt oder Käse fermentiert ist. Und Fischeiweiß ist besonders leicht verdaulich, weil es kaum Bindegewebe enthält.

Grund für die verringerte Verdaulichkeit pflanzlicher Proteine sind sogenannte antinutritive Faktoren in Pflanzen. Darunter versteht man natürliche Bestandteile in Lebensmitteln, die die Aufnahme von Nährstoffen im Körper beeinträchtigen können – etwa unverdauliche Fasern. Allerdings können pflanzliche Proteine (z. B. Reis, Soja und Weizen) die Zusammensetzung der Darmmikrobiota auch verbessern – eben wegen dieser Ballaststoffe. Diese wirken sich positiv auf die Darmgesundheit aus. Ganz schön kompliziert!

Deshalb wird eine pflanzenbasierte flexitarische Ernährungsweise mit einer größeren mikrobiellen Vielfalt und einem günstigeren Profil der Darmmikrobiota in Verbindung gebracht. Ein Musterbeispiel etwa ist die Mittelmeerdiät, die reich an verschiedenen pflanzlichen Proteinquellen ist, aber auch helles Fleisch und Fisch, Milchprodukte und Ei in Maßen enthält.

Wie Protein-Isolate, also Eiweiß-Pulver, auf die Mikrobiota wirken, ist unterschiedlich. Whey, also Molkeneiweiß, gilt als leichtverdaulich und scheint eher positiv zu wirken.

KURZ UND KNAPP

Eiweiß hat im Dickdarm eine eher negative Wirkung auf das Mikrobiom. Deshalb ist es besser, leicht verdauliches Eiweiß in Maßen zu essen, damit im Dickdarm möglichst wenig davon ankommt. Pflanzliches Eiweiß ist aber meist schwerer verdaulich als tierisches. Deshalb ist eine vegane Ernährung für den Darm nicht optimal. Am besten scheint eine Mittelmeerdiät zu wirken.

BEI FETT GIBT'S UNTERSCHIEDE

Die Art von Fetten in unserer Ernährung beeinflusst unsere Darmgesundheit stark. Insgesamt können die guten Darmbakterien nicht so viel mit Fett anfangen. Besonders gesättigte Fette können die Bildung kurzkettiger Fettsäuren beeinträchtigen und so auf Dauer zu Darmentzündungen führen – die Darmbarriere ist dann gestört.

Bestimmte Arten von Bakterien, die Firmicutes genannt werden, vermehren sich bei einer fettreichen Ernährung, besonders wenn wir zusätzlich viel Zucker und konzentrierte Kohlenhydrate essen. Diese Bakterien können Nahrung, die unser Körper nicht verdauen kann, in Energie umwandeln. Dadurch werden bis zu zwölf Prozent mehr Kalorien verwertet. Das kann zu Gewichtszunahme führen. Bei übergewichtigen Menschen sind die Firmicutes-Bakterien erhöht, während die guten Bacteroidetes abnehmen. Bei schlanken Menschen stehen beide Bakteriengruppen in einem ausgewogenen Verhältnis zueinander.

Wie Fette auf unser Mikrobiom wirken, hängt von ihrer Struktur ab. Gesättigte Fette werden in unserer Ernährung mit einem erhöhten Risiko für Herz-Kreislauf-Erkrankungen und Übergewicht in Verbindung gebracht. Mehrfach ungesättigte Fettsäuren dagegen sind lebensnotwendig und wirken im Körper eher positiv. Ähnlich wirken die Fette auch im Darm: Eine Ernährung mit viel gesättigten Fetten kann das Gleichgewicht der Darmbakterien stören und die Vielfalt der Bakterien verringern. Das kann zu Entzündungen im Darm führen.

Auf der anderen Seite gibt es ungesättigte Fette, die gesünder für unseren Darm sind. Zum Beispiel können einfach ungesättigte Fette, die in Olivenöl enthalten sind, helfen, das Gleichgewicht der Bakterien zu verbessern und Entzündungen im Darm zu reduzieren. Fette, die Omega-3-Fettsäuren enthalten, fördern ebenfalls die Darmgesundheit. Sie können die Vielfalt der Darmbakterien erhöhen und das Verhältnis der »guten« Bakterien zu den »ungesunden« Bakterien verbessern. Omega-3-Fettsäuren helfen auch, Entzündungen zu reduzieren. Transfette dagegen schaden der Darmgesundheit. Sie können beim Frittieren entstehen.

Die Fette in unserer Nahrung

Gesättigte Fette sind vor allem in Fleisch, also auch in Wurst, in Milchprodukten wie Butter und Käse und in festen Pflanzenfetten wie Palm- und Kokosfett enthalten. Geflügel liefert nicht so viele gesättigte Fette und ist als weißes Fleisch empfehlenswert. Käse wirkt durch das Milcheiweiß, durch GOS (Galactooligosaccharide) und seine Fermente positiv – hier aber den Fettgehalt im Auge behalten. Und statt Butter besser einen Butter-Öl-Mix aufs Brot streichen.

Einfach ungesättigte Fette in Olivenöl scheinen für die Darmgesundheit okay zu sein. Mehrfach ungesättigte Fette wie die Omega-3- und Omega-6-Fettsäuren sind in anderen Ölen enthalten. Besonders gesund sind Omega-3-Fettsäuren, die sich vor allem in Raps-, Soja-, Lein- und Walnussöl finden, ebenso in Leindotteröl. Die langen Omega-3-Fettsäuren in fettem Seefisch wie Hering, Makrele und Lachs wirken noch positiver. Omega-6-Fettsäuren in Sonnenblumen- und Distelöl sind nicht ganz so günstig. Wissenschaftliche Leitlinien weltweit empfehlen, Omega-3- und Omega-6-Fettsäuren in einem Verhältnis von eins zu fünf aufzunehmen.

Für unsere Darmgesundheit bedeutet dies: Zu viel Fett zu essen, besonders aber zu viele gesättigte Fette, ist schlecht. Ungesättigte und mehrfach ungesättigte Fette, wie sie auch die Mittelmeerdiät propagiert, tragen dagegen zu einer gesünderen Darmmikrobiota bei. Es sind jedoch weitere Studien nötig, um das genaue Zusammenspiel zwischen verschiedenen Arten von Fetten, unserer Darmgesundheit und ihren Einfluss aufs Körpergewicht besser zu verstehen.

KURZ UND KNAPP

Gesättigte Fette können die Bildung kurzkettiger Fettsäuren beeinträchtigen. Das kann zu einem Ungleichgewicht sowie einer geringeren Vielfalt der Darmbakterien führen und langfristig Entzündungen hervorrufen. Bei einer fettreichen Ernährung vermehren sich zudem Firmicutes-Bakterien, was zu Gewichtszunahme führen kann. Einfach und mehrfach ungesättigte Fette sind gesünder für unseren Darm. Sie können die Vielfalt und das Verhältnis von »guten« zu »schlechten« Darmbakterien verbessern. Bei der Ernährung sollten ungesättigte Fette bevorzugt werden. Bezüglich der Omega-3- und Omega-6-Fettsäuren wird ein Verhältnis von eins zu fünf empfohlen.

KOHLENHYDRATE: VIEL LICHT UND SCHATTEN

Eigentlich sind Kohlenhydrate die perfekte Nahrung für Darmbakterien. Sie sind die Grundsubstanz pflanzlicher Lebensmittel, geben ihnen Halt und Struktur und sind die Energiereserve der Pflanzen. Die Ballaststoffe, die unverdaut in unseren Dickdarm wandern, füttern die Darmmikrobiota – mehr dazu im nächsten Kapitel. Hier geht es darum, was dem Mikrobiom schadet. Und das sind ganz klar Kohlenhydrate, die wenig bis gar keine Ballaststoffe enthalten. Sie werden auch als raffinierte Kohlenhydrate bezeichnet. Das gilt für weißes Mehl – Weizen und Dinkel –, das zusätzlich Gluten enthält, das bei empfindlichen Menschen entzündliche Prozesse auslösen kann. Und natürlich für Stärke und Zucker.

Wie darmfeindlich ist Süßes?

Klar ist: Zucker schadet unserem Mikrobiom. Denn er füttert Bakterien, die unserem Mikrobiom nicht nützen, sondern ihm schaden. In der Folge verändert sich die Zusammensetzung der Darmmikrobiota zum Negativen: Die Darmschleimhaut wird dünner, am Ende schließen die *tight junctions* zwischen den Darmzellen nicht mehr, und die Darmbarriere, unsere Immunabwehr, bekommt Lecks.

Aber wie sieht es mit alternativen Süßungsmitteln aus? Die klassischen Süßstoffe wie Saccharin, Aspartam oder Sucralose scheinen der Darmflora nicht gutzutun. Sie führen dazu, dass sich Bakterien überproportional vermehren, die Kohlenhydrate zu Zucker abbauen. Der lässt wiederum den Blutzucker rasant steigen – und wieder fallen. Die Glucosetoleranz ist gestört. Das ist normalerweise der Vorbote von Übergewicht und Typ-2-Diabetes. Zucker einfach durch Süßstoff zu ersetzen löst das Problem also nicht. Im Gegenteil.

Abgesehen davon kommt eine aktuelle Studie zum Ergebnis: Mehr als 25 g Zucker pro Tag und 1 Portion Süßgetränk pro Woche erhöht das Risiko für zahlreiche Krankheiten deutlich!

Zuckeraustauschstoffe

Aber wie ist es mit Zuckeraustauschstoffen? Sie galten früher als perfekte Süßungsmittel für Diabetiker. Bis sich herausstellte, dass Fruchtzucker, der den meisten Diabetiker-Lebensmitteln zugesetzt wurde, in größeren Mengen die Leber überfordert – bis zur Verfettung. Das war zu Recht das Aus für spezielle diätetische Diabetiker-Produkte.

Die gängigen Zuckeraustauschstoffe sind heute in der Regel Zuckeralkohole: Erythrit, Xylit, Sorbit, Mannit, Maltit, Isomalt und Lactit. Viele von ihnen werden in der Lebensmittelindustrie eingesetzt, weil sie neben der Süße noch andere technologisch wertvolle Eigenschaften haben. Außerdem liefern sie deutlich weniger Kalorien als Zucker – süßen teilweise aber auch weniger. Im Gegensatz zu Süßstoffen besitzen sie ein ähnliches Volumen und eine ähnliche Struktur wie Zucker, sie sehen aus wie Zucker und schmecken süß. Deshalb können sie Zucker in vielen Backwaren ersetzen.

Jeder der Zuckeraustauschstoffe hat etwas andere Eigenschaften, aber allen ist gemeinsam: Sie können Blähungen und Durchfälle auslösen, wenn sie in Massen verzehrt werden. Denn zum größten Teil landen sie im Dickdarm, weil sie vorher nicht verdaut werden. Und dort dienen sie den Darmbakterien als Nahrung. Die Folge: Die guten Bakterien, vor allem Bifidusbakterien und Lactobazillen, nehmen zu – ein klarer prebiotischer Effekt.

Eine Ausnahme ist Erythrit – das ich bisher als Zuckerersatz bevorzugte, weil es fast keine Kalorien hat, keine Karies verursacht und keinerlei Auswirkungen auf den Blutzuckerspiegel hat. Es wird nämlich schon im Dünndarm aufgenommen und über den Urin ausgeschieden. Der Darmgesundheit bringt Erythrit daher nach heutiger Erkenntnis nichts.

Lactit hat zwar prebiotische Eigenschaften, ist aber bisher kaum im Handel zu finden. Bis sich das ändert, ist Xylit (Birkenzucker) mein Favorit. Es schadet den Zähnen nicht, hat dieselbe Süßkraft wie Zucker, aber nur halb so viel Kalorien, nämlich 2,4 pro Gramm. Und seine Wirkung auf die Darmbakterien ist positiv, wie schon mehrere Studien belegten. Bedenken wegen möglicher Blähungen und Durchfall muss man bei mäßigem Gebrauch nicht haben. Denn wer dem Darm Gutes tun will, sollte ohnehin mit Süßem zurückhaltend umgehen.

KURZ UND KNAPP

Unter den Kohlenhydraten gibt es die darmgesunden Ballaststoffe und die eher ungesunden raffinierten Kohlenhydrate, das heißt weißes Mehl, Stärke und Zucker. Zucker füttert Bakterien, die unsere Darmgesundheit nicht fördern. Süßungsmittel als Alternative scheinen der Darmflora ebenfalls nicht gutzutun. Bei größeren Mengen Zuckeraustauschstoffen kann es zu Blähungen und Durchfall kommen, denn sie werden im Dünndarm nicht verdaut. Im Dickdarm dienen sie dann als Futter für gute Darmbakterien – ein eindeutiger prebiotischer Effekt. Nur Erythrit wird bereits im Dünndarm aufgenommen – hier sind bislang keine Effekte auf die Darmgesundheit bekannt. Xylit hat nachgewiesen positive Wirkungen auf die Darmbakterien.

DIE ZUCKERAUSTAUSCHSTOFFE IM ÜBERBLICK

	Süßkraft (bei einem Referenzwert von 1,0 für Haushaltszucker)	**Brennwert (kcal) je Gramm**	**Besonderheiten**	**Effekt auf die Darmmikrobiota**	**Bakterienwachstum**
Xylit	0,8-1,0	2,4	etwas laxierend, in der Natur vorkommend, kühlender Effekt	evtl. positiver Effekt auf einige Spezies Bacteroides, Prevotella und Bifidobakterien; beeinflusst die Daidzein-Verstoffwechselung → prebiotisches Potenzial	Bacteroides, Prevotella, Bifidobakterien, Firmicutes
Mannit	0,4-0,7	2,4	etwas laxierend, in der Natur vorkommend, am schlechtesten verträglich	FS Propionat und Butyrat erhöht durch gute Bakterien → prebiotisches Potenzial (andere Forschungen finden keinen Effekt)	Clostridium indolis, Lactobazillen
Erythrit	0,6-0,8	0,2	in der Natur vorkommend; wird schnell und nahezu komplett im Dünndarm resorbiert und unverändert ausgeschieden	wird nur gering metabolisiert → kein Effekt auf den Darm	-
Maltit	0,65-0,8	2,4	etwas laxierend	Steigerung von bestimmten Bakterienspezies sowie der -gesamtanzahl, Anstieg von FS Acetat, Butyrat und Propionat → prebiotisches Potenzial	Bifidobakterien, Lactobazillen, Clostridium histolyticum/perfringens, Faecalibacterium prausnitzii, Eubacterium rectale, Ruminococcus flavefaciens

	Süßkraft (bei einem Referenzwert von 1,0 für Haushaltszucker)	Brennwert (kcal) je Gramm	Besonderheiten	Effekt auf die Darmmikrobiota	Bakterienwachstum
Lactit	0,35–0,40	2,4	etwas laxierend	fördert Wachstum von saccharolytischen Bakterien und hemmt proteolytische Bakterien ® prebiotisches Potenzial	Bifidobakterien, Lactobacillus acidophilus
Sorbit	0,4–0,7	2,4	etwas laxierend, in der Natur vorkommend	Anstieg von Butyrat, positiver Effekt auf Bakterienvielfalt sowie auf »gute« Bakterien ® prebiotisches Potenzial (andere Forschungen finden keinen Effekt)	Lactobazillen, Lactobacillus reuteri
Isomalt	0,3–0,5	2,4	in der Natur vorkommend	möglicherweise positiver Effekt	Bifidobakterien

DAS PROBLEM MIT DEN UPFs

UPF steht für *ultra-processed food,* also »hoch verarbeitete Lebensmittel«. Wenn wir uns über die Zunahme von Allergien, Unverträglichkeiten und Darmproblemen wundern, dann liegt ein Teil der Erklärung wahrscheinlich bei diesen Lebensmitteln und in ihrer Wirkung auf unser Darmmikrobiom. Denn inzwischen machen sie etwa die Hälfte unserer Nahrungszufuhr aus – Tendenz steigend!

Während wir früher in der Küche Grundnahrungsmittel verarbeitet haben, greifen wir immer häufiger zu Fertig- oder Halbfertigprodukten, von Instant-Gemüsebrühe über Fruchtjoghurt bis hin zu Fertigteigen. Doch die meisten dieser Lebensmittel enthalten Zusatzstoffe oder Zutaten, die unsere Darmbakterien nicht mögen: Zucker, Stärke und gesättigte Fette sowie Süßstoffe, Emulgatoren und Stabilisatoren. Oft werden Produkte eingesetzt, die nur in der Industrie verarbeitet werden: hydrierte Öle, Glucose-Fructose-Sirup, Protein-Isolate und Zusatzstoffe aller Art. Diese Zutaten sind in der Regel sehr preiswert – die Verdienstspanne ist hoch, und so ist viel Budget übrig für eine tolle Verpackung und verlockendes Marketing.

Das alles existiert für Möhre, Kartoffel, Apfel, Milch oder Hafer nicht. Der amerikanische Publizist Michael Pollan rät Verbrauchern: »Iss nichts, was deine Großmutter nicht kannte … was mehr als 5 Zutaten hat ... was Worte enthält, die du nicht verstehst.« Das klingt schon sehr konservativ, enthält aber einen wahren Kern. Eigentlich entspricht das der Vollwertkost-Lehre von Kollath, die schon vor achtzig Jahren veröffentlicht wurde. Nicht alle Hypothesen dieser Lehre sind wissenschaftlich bestätigt – aber die Idee, Lebensmittel in Kategorien nach ihrem Verarbeitungsgrad einzuteilen, erlebt gerade eine Renaissance. Sie wird als NOVA-Klassifizierung bezeichnet und unterteilt Lebensmittel in vier Gruppen:

1. natürliche oder nur minimal verarbeitete Lebensmittel wie Fermentiertes oder auch Tiefgefrorenes
2. verarbeitete kulinarische Lebensmittel wie Öl, Zucker, Mehl
3. verarbeitete Lebensmittel wie Konserven, Brot, Nudeln, Käse
4. UPFs, also hoch verarbeitete Lebensmittel wie Cerealien, Erfrischungsgetränke, Süßigkeiten, Gebäck, Wurst, Fertiggerichte

Diese Einteilung ist natürlich umstritten und nicht in Stein gemeißelt. Doch der Grundgedanke, möglichst viele Lebensmittel der Stufe 1 und 2 zu konsumieren, macht in Bezug auf den Darm tatsächlich Sinn. Die WHO und nationale Institutionen fordern auch im Hinblick auf Nachhaltigkeit, weniger hoch verarbeitete Lebensmittel zu essen. Zurück also in die Steinzeit? Das sicher nicht. Aber vielleicht einmal kurz nachdenken, bevor man zum Quetschie, zur Tiefkühlpizza oder zum Fertigdessert greift. Und lieber öfter selbst kochen. Das ist einfacher, als man denkt. Deshalb gibt es in diesem Buch auch viele einfache, köstliche und darmgesunde Rezepte.

KURZ UND KNAPP

Hoch verarbeitete Lebensmittel (UPFs) machen inzwischen die Hälfte der Kalorienzufuhr in der westlichen Welt aus. Damit verbunden sind eine starke Denaturierung der ursprünglichen Lebensmittel und die Verwendung vieler Zusatzstoffe. Genau das scheint dem Mikrobiom zu schaden. Besser ist es, frische, ursprüngliche Lebensmittel selbst zuzubereiten.

ZU VIEL HYGIENE SCHADET!

»Dreck reinigt den Magen«, lautete ein Standardspruch meines Vaters. Und tatsächlich: Zum westlichen Lebensstil gehören auch zunehmende Hygiene und die medizinische Entwicklung, vor allem die Entdeckung der Antibiotika. Beides führte zu einer enormen Abnahme von Infektionskrankheiten. Ein klarer Fortschritt – auf Kosten der Vielfalt der Darmbakterien. Das aber scheint dem Mikrobiom ebenso zu schaden wie stark bearbeitete Lebensmittel und zu wenig Ballaststoffe. Es wird weniger herausgefordert, die Immunabwehr nicht mehr trainiert. Das soll jetzt keine Aufforderung zu weniger Sauberkeit sein – das können wir uns als Massengesellschaft nach Covid auch nicht mehr leisten. Aber es erfordert ein Gegensteuern. Und zwar durch die Ernährung.

MEDIKAMENTE KÖNNEN DAS MIKROBIOM BELASTEN

Medikamente können unserer Darmmikrobiota erheblich zusetzen. Allen voran Antibiotika, die ja dazu gemacht sind, Krankheitserreger zu bekämpfen. Leider killen sie dabei auch die Guten. Und das kann die gesunde Balance des Mikrobioms nachhaltig stören, die Immunkräfte schwächen und resistente Mikroben fördern. Das ist inzwischen zu einem Problem geworden, denn Antibiotika wurden und werden besonders Kindern häufig verschrieben, weil sie eben oft an Infektionskrankheiten leiden. Manchmal wird nach einer Antibiotikabehandlung ein probiotisches Medikament gegeben, um das Mikrobiom wieder aufzubauen. Es wirkt nicht bei jedem. Aber danach die Darmbakterien zu päppeln ist eine gute Idee. Auf Seite 187 geht es zu den Kurwochen.

Auch andere Medikamente belasten den Darm und seine Flora:

- Säurehemmer, die bei Sodbrennen, Magengeschwüren oder Reflux verordnet werden, reduzieren die Säure im Magen, indem sie die sogenannte Protonenpumpe in den Magenzellen hemmen. Das kann das Wachstum bestimmter »böser« Bakterien im Darm begünstigen.
- Entzündungshemmende Mittel wie Ibuprofen können auf Dauer die Vielfalt und gesunde Balance der Darmbakterien schwächen und sogar Entzündungen und Schäden der Darmbarriere zur Folge haben.
- Steroide, besonders Glucocorticoide, stören die Darmmikrobiota ähnlich. Sie haben Einfluss auf das Immunsystem im Darm – dadurch scheint sich die Zusammensetzung der Mikrobiota zu wandeln. Wie genau das abläuft, wird noch erforscht.
- Abführmittel können die Darmbewegung und die Darmmikrobiota massiv stören und verändern, weil sie die Darmpassage so beschleunigen, dass die guten Bakterien ihre Aktivität gar nicht entfalten können. Sie können den pH-Wert, also den Säuregrad im Darm modifizieren – darauf reagieren gute Bakterien empfindlich. Und sie ziehen oft Wasser in den Darm – auch das verändert das Mikrobiom. Letzten Endes macht eine darmgesunde Ernährung Abführmittel überflüssig!
- Antidepressiva können ebenfalls das Mikrobiom verändern. Die Forschung dazu steckt in den Kinderschuhen. Das Glückshormon Serotonin scheint dabei eine Rolle zu spielen. Eigentlich ist es nicht verwunderlich, denn zwischen Gehirn und Darm besteht eine intensive Kommunikation. Was das für die Behandlung bedeutet, ist unklar.
- Nicht zuletzt kann eine Chemotherapie das Mikrobiom aus dem Gleichgewicht bringen und zu Durchfall führen.

KURZ UND KNAPP

Zu viel Hygiene bekommt den Darmbakterien nicht – Desinfektions-, Wasch- und Reinigungsmittel daher sparsam verwenden. Neben Antibiotika, die echte Bakterienkiller sind, schaden auch andere Medikamente dem Mikrobiom. Das lässt sich oft nicht vermeiden. Danach sollte man jedoch den Darm mit einer darmgesunden Ernährung wieder aufbauen.

WAS DIE DARMMIKROBIOTA LIEBT

Viel wichtiger als die Tabus und Verbote sind mir die positiven Dinge, die wir für unseren Darm tun, genauer gesagt: essen können. Denn genau darum geht es in diesem Buch. Entscheidend ist, was die guten Darmbakterien gedeihen lässt!

Abgesehen von der Ernährung sind das natürlich ausreichend Bewegung, Schlaf und Entspannung. Einfacher gesagt als getan, vor allem weil wir, wenn es uns bereits nicht so gut geht, oft auch noch das Falsche essen. Warum wir bei Stress Süßes und Fettiges bevorzugen, hat hormonelle Ursachen, ist aber kein unabwendbares Schicksal. Auch wenn es Energie kostet: Es lohnt sich, seine Ernährung klug umzustellen und das auch zu planen. Spontan klappt es meist nicht. Doch wenn es gelingt, mit dem richtigen Essen den Darm zu sanieren, dann wird es einem besser gehen, und die Kräfte werden wiederkommen. Um Sie dabei zu unterstützen, gibt es beispielhafte Wochenpläne für den Aufbau einer guten Darmmikrobiota (S. 190).

Generell gilt: Eine abwechslungsreiche und ballaststoffreiche Ernährung tut dem Darm gut. Viel Gemüse gehört dazu, Obst, Oliven symbolisch für Fermentiertes sowie gesunde Fette, Vollkornbrot, Käse, Fisch, Krabben (siehe Abbildung 3). Selbst Geflügel dürfte hier stehen. Besonders wertvoll sind die sekundären Pflanzenstoffe und die Omega-3-Fettsäuren, die durch eine solche Ernährung geliefert werden. Viele Ballaststoffe, MACs *(microbiota-accessible carbohydrates),* also unverdauliche Kohlenhydrate, die von Mikroorganismen verstoffwechselt werden, und Prebiotika, die der Mikrobiota ebenfalls als Nahrung dienen, werden zu kurzkettigen Fettsäuren abgebaut. Die wiederum helfen den Darmzellen, Schleim und Abwehrzellen zu bilden. Das stärkt die Darmbarriere, sorgt für geschlossene *tight junctions,* schützt vor oxidativen Prozessen und erhält die Gesundheit dank der ballaststoffabbauenden Darmbakterien.

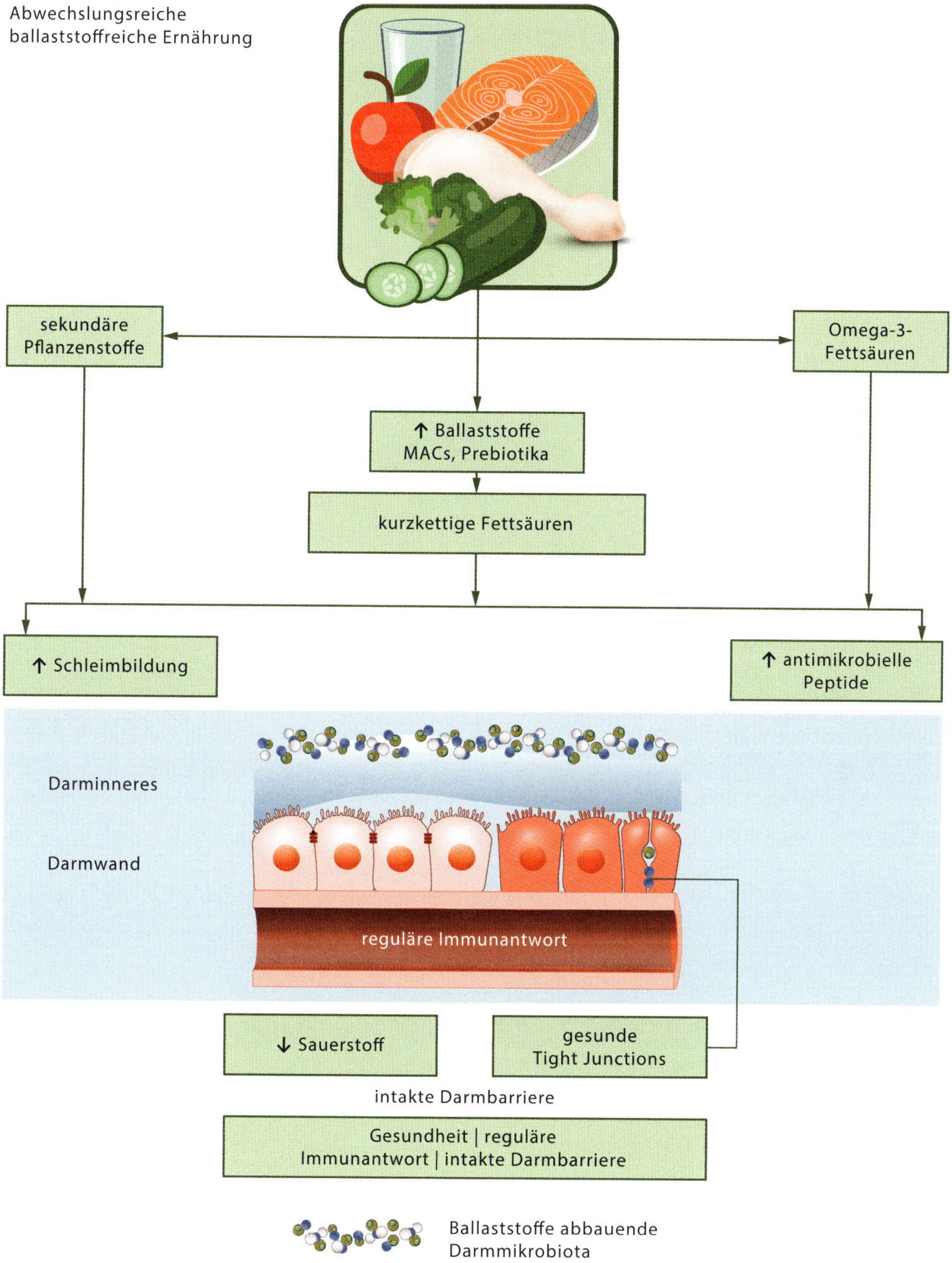

Abbildung 3: So baut eine darmgesunde Ernährung mit viel Ballaststoffen, MACs und Prebiotika eine gesunde Darmschleimhaut auf.

WELCHE BAKTERIEN TUN DEM DARM GUT?

Schwieriger als die Frage nach einer darmgesunden Ernährung ist die Frage nach den Bakterien, die dem Darm zuträglich sind, zu beantworten. Es ist im Detail nicht so einfach festzustellen, weil sich das von Mensch zu Mensch stark unterscheiden kann. Trotzdem gibt es einige Bakterienfamilien und Hefen, deren Präsenz im Darm Gesundheit signalisiert und die dem Darm wohltun – mit allen positiven Konsequenzen. Sie werden auch in Form von probiotischen Präparaten angeboten. Auch wenn es über diese Arten wissenschaftliche Studien gibt: Sie wirken nicht bei jedem Menschen gleich. Hier die beiden Klassiker, über die wir bereits viel wissen:

- Bifidobakterien spielen eine wichtige Rolle bei der Fermentierung von Ballaststoffen und bei der Produktion von kurzkettigen Fettsäuren. Sie dominieren im Stuhl von natürlich geborenen und gestillten Babys und werden durch die Inhaltsstoffe der Muttermilch gefüttert. Bifidobakterien helfen beim Aufbau einer gesunden Darmflora, stärken das Immunsystem und beugen Verdauungsstörungen vor. »Flaschenkinder« haben deutlich weniger Bifidobakterien in ihrem Darm. Auch bei Erwachsenen sind Bifidobakterien im Darm ein Zeichen für ein gesundes Mikrobiom.
- Lactobazillen sind Milchsäurebakterien, die bei der Fermentierung von Joghurt, Kefir, Sauerteig, Essig oder Sauerteigbrot gebildet werden. Das ist auch im Darm ihre Stärke: Sie können Kohlenhydrate in kurzkettige Fettsäuren, vor allem in Milchsäure, umwandeln. Diese versorgt die Darmzellen mit Energie und sorgt für einen eher sauren pH-Wert, der krank machende Keime abschreckt. Außerdem produzieren Lactobazillen Enzyme, die die Verdauung erleichtern, indem sie Nährstoffe in kleinere Moleküle zerlegen. Sie stärken die Darmbarriere und beeinflussen unser Immunsystem, da sie die Produktion von bestimmten Immunzellen und Immunantworten anregen. Sie fördern das Gleichgewicht unter den Bakterien, was nach einer Behandlung mit Antibiotika sehr wichtig ist. Außerdem fermentieren sie Lactose – für Menschen mit einer Intoleranz wichtig.

Inzwischen hat die Wissenschaft weitere Darmbakterien ausgemacht, die unterschiedlich wirken. Die Liste ist keinesfalls abgeschlossen, weil die Darmforschung ständig zu neuen Erkenntnissen kommt. Nachfolgend eine Übersicht über die wichtigsten Darmbakterien, ihre Rolle im Darm und was ihnen guttut.

KURZ UND KNAPP

Der Darm bildet eine Barriere, die Schädliches fernhält und Nützliches durchlässt. Dafür sorgen die guten Darmbakterien, indem sie mit ihren Stoffwechselprodukten, den kurzkettigen Fettsäuren, die Darmschleimhaut ernähren und schädliche Keime abwehren. Ballaststoffe, Probiotika, MACs und Omega-3-Fettsäuren unterstützen sie dabei.

DIE GUTEN DARMBAKTERIEN IM ÜBERBLICK

Bakterium	Wirkung im Darm	Gefördert durch
Akkermansia muciniphila	Das Bakterium scheint dem Stoffwechsel insgesamt gutzutun, es stärkt die Darmbarriere, weil es die Schleimschicht nutzt und so »reinigt«, und wirkt vermutlich prebiotisch.	ballaststoffreiche Kost und polyphenolreiche Lebensmittel (Blaubeeren, Aroniabeeren, Cranberrys, Nüsse) sowie Fischöle
Bifidobakterien	Bifidobakterien wirken antientzündlich und fördern die Darmwandbarriere. Sie halten schädliche Bakterien und Krankheitserreger in Schach, indem sie den pH-Wert senken, weil sie kurzkettige Fettsäuren bilden. Sie unterstützen Darmbewegungen und allgemein die Verdauung.	Joghurt, Milch, Dickmilch, Buttermilch, Käse, Kefir, fermentiertes Gemüse (z. B. Sauerkraut, Miso, Kimchi, saure Gurken, Topinambur)
Bacteroides	Bacteroides sind dafür zuständig, Energie aus der aufgenommenen Nahrung (v. a. aus Ballaststoffen) durch Fermentation zu gewinnen, und produzieren dabei kurzkettige Fettsäuren (z. B. Propionat und Acetat) – diese wirken schützend auf die Darmschleimhaut, sind an der Bildung verschiedener B-Vitamine beteiligt und senken das Risiko, dass sich krankheitserregende Keime ausbreiten.	prebiotische Lebensmittel und ballaststoffreiche Kost
Escherichia coli Nissle 1917	Dieser probiotische Stamm von Escherichia coli kann bei verschiedenen chronischen Darmerkrankungen und nach Antibiotikabehandlung unterstützend wirken. Er ist in der Lage, schädliche Bakterien zu hemmen und das Immunsystem regulieren, und er produziert Verdauungsenzyme.	– (für die medizinische Anwendung entwickelt, kommt nicht in herkömmlichen Lebensmitteln vor)

Bakterium	Wirkung im Darm	Gefördert durch
Faecalibacterium prausnitzii	Die Basis für die Darmgesundheit! Das Bakterium ist Hauptproduzent der Buttersäure (Butyrat) im Darm, stärkt die Darmschleimhaut, hemmt Entzündungen, wirkt positiv auf den Stoffwechsel und die Darm-Gehirn-Achse. Übergewichtige, Morbus-Crohn- und Colitis-ulcerosa-Patienten haben zu wenig dieser Bakterien im Darm.	Inulin (Chicorée, Zwiebeln, Topinambur, Artischocken) und Substrate, die beim Mucin-Abbau durch Akkermansia muciniphila anfallen (daher sollte primär durch o. g. Nahrung versucht werden, die Menge von A. muciniphila zu erhöhen)
Lactobazillen (Milchsäurebakterien)	Lactobazillen regulieren die Verdauung, verbessern die Bioverfügbarkeit von Nährstoffen, können schädliche Bakterien und Mikroorganismen durch die Produktion von Milchsäure verdrängen, stärken die Barrierefunktion der Darmschleimhaut, bilden kurzkettige Fettsäuren und bekämpfen Krankheitserreger. Es gibt viele unterschiedliche Lactobazillen.	Joghurt, Kefir, Käse (Cheddar, Gruyère, Bergkäse, Parmesan, Harzer), fermentiertes Gemüse (Sauerkraut, Salzgurken, Kapern, Kimchi), Kombucha, Sauerteigbrot, Hefe, Tempeh (fermentierte Sojabohnen), Misopaste (Würzpaste aus fermentierten Sojabohnen)
Saccharomyces boulardii	Dieser Hefepilz trägt dazu bei, das Gleichgewicht der Darmflora aufrechtzuerhalten und Durchfall zu reduzieren, besonders nach Antibiotikabehandlung. Er bekämpft Krankheitserreger und kann bei chronischen Darmerkrankungen helfen.	fermentierte Lebensmittel wie Joghurt, Kefir, Sauerkraut und Kimchi
Streptococcus thermophilus	Das Bakterium wird oft in Joghurtkulturen verwendet, kann Lactose abbauen, zur Unterstützung der Verdauung beitragen, die Darmbarriere und das Immunsystem stärken und kurzkettige Fettsäuren produzieren. Es siedelt sich nicht dauerhaft im Darm an.	Joghurt, Käse, Oliven, Gurken, Soja und fermentierte Gemüsesorten

Probiotika: Bakterien als Therapie?

Wenn das Gleichgewicht im Darm durch eine einseitige Kost, Stress oder die Einnahme von Antibiotika gestört ist, kann die regelmäßige Einnahme von Pro- und Prebiotika helfen. Sie haben unterschiedliche Wirkungen und werden auch in Kombination eingesetzt. Probiotika werden von FAO und WHO so definiert: »Probiotika sind lebende Mikroorganismen, die nach Aufnahme in angemessener Keimzahl eine gesundheitsfördernde Wirkung auf den Menschen haben.«

Der Begriff »Probiotikum« stammt vom griechischen *pro bios* und bedeutet »für das Leben«. Denn Probiotika sind lebende Mikroorganismen, die die Gesundheit des Wirtes günstig beeinflussen, indem sie die normale Darmflora verbessern. Sie wirken aber nicht ausschließlich auf die Mikrobiota im Darm, sondern auch auf die immunologische Funktion der Darmschleimhaut.

Die Bedeutung der Darmflora bei bestimmten Erkrankungen wurde bereits um das Jahr 1900 entdeckt, ebenso der Einsatz von lebenden Mikroorganismen, die bei der Therapie bestimmter Erkrankungen beim Menschen gesundheitsförderlich verwendet werden können. Diese Probiotikastämme, zum Beispiel Lactobazillen oder Bifidobakterien, werden aber erst seit den 1980er-Jahren nach den Prinzipien der evidenzbasierten Medizin erforscht und evaluiert, neuerdings auch bei schwer kranken Patienten.

Insgesamt gibt es rund zwanzig bis dreißig verschiedene Probiotikastämme (milchsäureproduzierende Stämme). Ihnen gemeinsam ist, dass sie die Passage durch den Magen mit seiner Magensäure und die Verdauungsenzyme im Darm unbeschadet überstehen. Sie siedeln sich dann vorübergehend in der vorhandenen Darmflora an, in der bereits über fünfhundert verschiedene Mikroorganismen ihre Verdauungsarbeit tun.

Probiotika werden entweder als Kapsel verordnet oder sind Milchprodukten zugesetzt. Ein probiotischer Joghurt wurde erstmals 1930 von Minoru Shirota in Japan entwickelt, kurioserweise in einem Land ohne große Milchtradition.

Die Mikroorganismen siedeln sich allerdings nicht dauerhaft im Dickdarm an, sondern müssen regelmäßig, am besten täglich, über die Nahrung aufgenommen werden. Dann unterstützen sie das Immunsystem und können Darmkrankheiten vorbeugen. Das gelingt unter anderem durch ein saures Milieu, das sie schaffen und das schädliche Bakterien eindämmt. Voraussetzung ist, dass die Ernährung insgesamt vollwertig ist.

Die positive Wirkung der Probiotika

Die guten Einflüsse der Probiotika sind vielfältig und zahlreich:

- Probiotika stellen eine gute Darmflora wieder her (z. B. nach einer Antibiotikabehandlung),
- verdrängen und unterdrücken unerwünschte, schädliche Bakterienstämme und krankheitserregende Keime im Darm zugunsten der erwünschten Milchsäurebakterien,
- verhindern bzw. verkürzen (akute) Durchfallerkrankungen (vor allem von Viren verursacht),
- lindern Verstopfungen (Obstipation),
- leisten Hilfe bei chronisch entzündlichen Darmerkrankungen,
- steigern außerdem den Abbau von Milchzucker (wichtig für Menschen mit Lactoseintoleranz),
- fördern das Immunsystem (Probiotika können sowohl spezifisch als auch unspezifisch Immunfunktionen des Menschen beeinflussen, z. B. die gesteigerte Aktivität der Phagozyten und Makrophagen oder die Stimulation der Produktion von spezifischen Antikörpern. Probiotika können die Freisetzung von Zytokinen und antibakteriellen Peptiden auslösen),
- beugen Dickdarmkrebs vor,

- beeinflussen Allergien, Neurodermitis und Infektionen bei Frühgeborenen positiv und
- vermindern die allergische Immunantwort.

Welche dieser Wirkungen in welchem Ausmaß erzielt werden, kann bisher noch nicht allgemeingültig beantwortet werden. Es gibt viele verschiedene Bakterienstämme mit jeweils speziellen Eigenschaften, die auch noch von Mensch zu Mensch unterschiedlich wirken können. Bei gezieltem Einsatz von Probiotika als Präparat ist ärztliche, fachkundige Begleitung wichtig.

Für probiotikahaltige Lebensmittel gilt: Aktive Kulturen von Milchsäurebakterien aus zum Beispiel probiotischen Milchprodukten, Essig oder Kimchi gelangen in größerer Zahl unbeschadet bis in den Dickdarm. In pasteurisierten, also erhitzten Produkten sind sie nicht mehr aktiv. Deshalb finden Sie in diesem Buch Anleitung zur frischen Herstellung von Joghurt, Apfelessig, Kombucha, Kimchi und Sauerteig. In diesen Lebensmitteln sind die probiotischen Bakterien höchst lebendig. Man muss sie kalt stellen, wenn sie sauer genug sind, denn bei Zimmertemperatur fermentieren sie lustig weiter, bis es nichts mehr zu verstoffwechseln für sie gibt. Das Ergebnis ist dann recht sauer. Durch eine kühle Lagerung wird der Fermentationsprozess gebremst.

Ein selbst gemachter Essig täglich im Salat oder morgens gemixt in Wasser kann unser Mikrobiom bereichern. Durch die Bildung von antibakteriellen Substanzen können schädliche Mikroorganismen in ihrem Wachstum gehemmt und Magen-Darm-Infektionen beeinflusst werden.

Verlässliche Aussagen über die Wirkungen der Probiotika im Darm sind schwer zu treffen. Zum einen ist die Untersuchung schwierig, zum anderen ist die Darmflora individuell zusammengesetzt, sodass die Wirkung bei verschiedenen Personen sehr unterschiedlich sein kann. Wissenschaftsgesellschaften warnen vor Tests aus dem Internet, weil sie wenig aussagekräftig sind: Zu groß sind die individuellen Unterschiede, und zu wenig erforscht ist die Wirkung. Allerdings gibt es bei bestimmten Erkrankungen spezielle Bakterienstämme, die erfahrungsgemäß eine gute Erfolgsquote bei der Behandlung erzielen. Doch die verordnet der behandelnde Arzt ganz gezielt.

KURZ UND KNAPP

Probiotika sind Bakterien, die eine gesundheitsfördernde Wirkung im Darm entfalten. Sie können in fermentierten Lebensmitteln vorkommen. Aber sie werden auch zunehmend als Präparate angeboten. Die sollte man sich gezielt vom Facharzt oder einer qualifizierten Ernährungsberatung verordnen lassen.

PREBIOTIKA: NAHRUNG FÜR DIE MIKROBIOTA

Prebiotika (seltener Präbiotika), abgeleitet vom lateinischen Wort *prae* (= vor) und dem griechischen Wort *bios* (= Leben), sind natürliche Nahrungsmittelbestandteile, die vom Menschen nicht verdaut werden können und in den Dickdarm gelangen. Sie fördern das Wachstum und die Vermehrung von nützlichen Bakterien und unterdrücken das Wachstum unerwünschter Keime. Sie werden gezielt zur Beeinflussung der Zusammensetzung oder der Aktivität der Dickdarmflora eingesetzt.

Prebiotika werden im Dünndarm nicht aufgeschlossen und gelangen daher intakt in den Dickdarm. Dort sind sie die Nahrungsgrundlage für die natürlich vorkommenden Darmbakterien, deren Wachstum und Vermehrung sie fördern. Im Dickdarm werden die Prebiotika von den Bakterien aufgespalten oder fermentiert. Dabei kommt es zur Bildung von Vitaminen und kurzkettigen Fettsäuren, die sich positiv auf das Darmmilieu auswirken. Nebenbei bringen die Ballaststoffe die Bewegung des Darms in Schwung und wirken Verstopfung entgegen.

Prebiotika stellen einen wichtigen Anteil der Ballaststoffe in der menschlichen Ernährung dar. Muttermilch enthält Prebiotika, die sowohl das Baby als auch dessen Darm aufpäppeln. Sie bewirken eine geringere Anfälligkeit gestillter Säuglinge für Darminfektionen.

ZWEI UNTERSCHIEDLICHE BALLASTSTOFFE

Man unterscheidet unlösliche Ballaststoffe, vor allem in Vollkornprodukten, Pilzen und Hülsenfrüchten, und lösliche, insbesondere in Obst und Gemüse. Eigentlich wirken sie im Körper völlig unterschiedlich. Aber zur Zeit der Namensgebung wusste man das noch nicht. Immerhin: Beide tun uns gut.

Unlösliche Ballaststoffe wie Cellulose, Hemicellulose und Lignin sind Quellmaterial und sorgen für Masse. Sie sind besonders reichlich in den Außenschichten von Getreide, vor allem in Kleie, in Nüssen und Saaten, besonders in Flohsamenschalen und in Hülsenfrüchten enthalten. Die Darmmikrobiota kann nicht so viel mit ihnen anfangen. In Kombination mit ausreichend Flüssigkeit quellen sie im Magen auf und machen dadurch gut satt. Das verzögert außerdem die Magenentleerung, was gut für die Verdauung ist. Und es stabilisiert den Blutzuckerspiegel. Zudem beschleunigen sie die Darmpassage und lockern den Stuhlgang. Sie »putzen« den Darm wie ein Schwamm. Das beugt zum Beispiel Divertikulitis, Verstopfung und Hämorrhoiden vor. Sie erhöhen auch das Stuhlvolumen. Das regt die Darmbewegung an und damit eine leichte und regelmäßige Entleerung. Schließlich können einige spezialisierte Darmbakterien auch unlösliche Ballaststoffe abbauen – aber in weitaus geringerem Maße.

Lösliche Ballaststoffe wie Pektin, Inulin, Oligofructose und andere sogenannte Prebiotika sind »Bakterienfutter«: Sie ernähren unsere Darmflora. Lösliche Ballaststoffe wirken positiv auf den Zucker- und den Fettstoffwechsel, die Regulation der Immunabwehr und das Nervensystem. Sie stellen den Löwenanteil an den MACs, über die ich weiter unten berichte.

Sonderfall resistente Stärken

Als resistente Stärken werden Unterarten von normaler Speisestärke bezeichnet. Aufgrund ihrer chemischen Zusammensetzung wird resistente Stärke im Dünndarm gar nicht oder nur teilweise verdaut. Sie weist daher Eigenschaften von Ballaststoffen auf. Resistente Stärke gelangt also unverdaut in den Dickdarm und wird dort durch Bakterien fermentiert. Sie wirkt zudem blutzuckerregulierend, da sie Blutzuckerspitzen abfängt und die Insulinsensitivität verbessert. Daher halten einige Wissenschaftler eine Diabetiker-Kost mit reichlich resistenter Stärke für besonders günstig. Die aktuellen Studien wurden allerdings durchweg mit sehr hohen Mengen durchgeführt – 40 Gramm resistenter Stärke am Tag. Die übliche Aufnahme liegt nur zwischen drei und sechs Gramm täglich.

Im Fokus des Interesses steht momentan die sogenannte retrogradierte resistente Stärke. Das ist Stärke, die beim Abkühlen nach dem Erhitzen durch Kristallisation der Stärkekomponenten in stärkehaltigen Lebensmitteln entsteht, wie zum Beispiel in Kartoffeln, Reis, Nudeln oder Brotkruste. Dabei wird ein Teil der Stärke in die resistente und geringfügig energieärmere Form umgewandelt. Beim Abkühlen von 100 Gramm Kartoffeln steigt der Anteil von resistenter Stärke an der Stärkefraktion von 6,5 auf 13,3 Prozent. Das bedeutet: Altbackenes Brot, Pellkartoffeln und Nudeln vom Vortag oder vorgekochter Reis tun der Darmmikrobiota gut.

Beim Wiedererhitzen geht übrigens dieser Vorteil nicht verloren. So haben Wissenschaftler mit 38 Reissorten experimentiert, welche Kochmethode den Anteil an resistenter Stärke erhöht. Die Ausgangskonzentration lag bei 0,3 bis 4,65 Prozent. Ein »Rezept« erwies sich als besonders effektiv: Die Wissenschaftler fügten dem kochenden Wasser einen Teelöffel Kokosnussöl zu. Dann wurde der Reis 20 bis 25 Minuten gekocht und für weitere zwölf Stunden im Kühlschrank aufbewahrt. Der Anteil an resistenter Stärke erhöhte sich um das Zehnfache.

Während des Kochens tritt das Öl in die Stärkekörnchen ein und verändert die Struktur, erklären die Wissenschaftler den Vorgang. So werden sie für die Verdauungsenzyme unzugänglich. Das Abkühlen fördert ebenfalls die Umwandlung in resistente Stärke. Für uns ziehen wir das Fazit: Getreidebeilagen vor dem Abkühlen immer etwas Fett zugeben. Eine ähnliche Wirkung hat ein Essig-Öl-Dressing bei warm zubereiteten Kartoffel- und Getreidesalaten.

MACs: Die wichtigsten Prebiotika

Die guten Kohlenhydrate sind Futter für die Darmbakterien – wenn sie tatsächlich unverdaut bis in den Dickdarm geraten. Das schaffen konzentrierte Kohlenhydrate als Einfach- oder Zweifachzucker wie Zucker, Stärke, weißes Mehl nicht, denn die werden bereits im Mund vorverdaut und dann im Dünndarm völlig zerlegt. Es sind die Mehrfachzucker, die interessant sind – und zwar diejenigen, die einen Aufbau haben, der sie vor unserer Verdauung schützt, zumindest teilweise. Sie werden als MACs *(microbiota-accessible carbohydrates)* bezeichnet: für die Darmmikrobiota zugängliche Kohlenhydrate.

Unser Verdauungssystem kann sie nicht nutzen. Aber wir haben ja unsere hungrigen Bakterien, die in einer Art Symbiose mit uns leben: Wir füttern sie mit unverdaulichen Resten. Sie wiederum futtern diese Überbleibsel – je mehr, desto besser. Und verarbeiten sie zu kurzkettigen Fettsäuren. Die wiederum sind Nahurng für die Darmschschleimheit und helfen bei der Produktion der schützenden Schleimschicht. Die Bakterien produzieren aber nicht nur Gutes, sondern auch Gase. Deshalb sind »Darmwinde« ein gutes Zeichen einer höchst aktiven Darmmikrobiota, also letzten Endes positiv.

Zu den MACs zählen viele verschiedene wasserlösliche Ballaststoffe:

- Inulin gehört zu den Fructanen und kommt in Gemüse wie Chicorée, Spargel, Pastinaken, Artischocken, Löwenzahnwurzeln, Topinambur, Zwiebeln und Knoblauch vor.
- FOS (Fructooligosaccharide) sind kürzere Ketten von Fructosemolekülen. Sie können Teil des Inulins sein oder als eigenständige Verbindungen in unreifen Bananen, Sellerie, Roter Bete, Rüben, Kürbis, Zwiebeln, Knoblauch, Lauch und Weizen enthalten sein.
- GOS (Galactooligosaccharide) fallen ein wenig aus dem Rahmen. Sie finden sich vor allem in Milchprodukten, seltener in pflanzlichen Lebensmitteln. Sie sind ein wichtiger prebiotischer Bestandteil der Muttermilch, aber auch der Milch von Kuh, Schaf oder Ziege. Und natürlich in deren Produkten wie Käse oder Joghurt. Einige Hülsenfrüchte wie Linsen, Kichererbsen und Bohnen, aber auch Zwiebeln und Knoblauch enthalten kleinere Mengen GOS. Säuglingsmilchnahrung wird mit GOS angereichert, um sie der Muttermilch anzugleichen.
- Pektin ist ein Ballaststoff, der in Früchten vorhanden ist. In der Küche kennen wir es als Geliermittel in Konfitüren. Äpfel, Birnen, Quitten und Trauben haben viel Pektin – vor allem in Schale und Kernen. Deshalb immer die Schale mitessen. Das gilt übrigens auch für Zitrusfrüchte: Nur die Schale ist pektinreich! Auch Beeren enthalten viel Pektin.

- Glucane sind aus Zuckermolekülen aufgebaut und kommen in Pflanzen vor. Besonders wirkungsvoll sind die Beta-Glucane in Hafer, Gerste, Pilzen und Hefe. Sie können den Cholesterinspiegel ausgleichen und die Immunabwehr stärken.

Die Abgrenzung der einzelnen Ballaststoffe ist schwierig, weil die meisten Gemüsesorten mehrere dieser Substanzen enthalten – und je nach Sorte in unterschiedlichen Anteilen. Unterm Strich ist klar: Pflanzliche Lebensmittel in ihrer ursprünglichen Form – also Vollkorn, Gemüse und Obst mit Schale, Nüsse, Saaten und Hülsenfrüchte – bieten dem Mikrobiom reichlich Nahrung.

KURZ UND KNAPP

Prebiotika sind unverdauliche Nahrungsbestandteile, die im Dickdarm den Darmbakterien als Nahrung dienen. Diese Substanzen werden als MACs bezeichnet und sind der Schlüssel für eine darmgesunde Ernährung. Die dabei entstehenden kurzkettigen Fettsäuren ernähren wiederum die Darmzellen und schützen durch ihren sauren pH-Wert das Mikrobiom vor schädlichen Keimen.

Synbiotika: Bakterien plus ihre Nahrung

Eine Kombination aus probiotischen Bakterienstämmen mit Zusatz von Prebiotika nennt man Synbiotika. Gemeinsam fördern Pro- und Prebiotika das Wachstum der gesundheitsfördernden Darmbakterien, wodurch die nachteiligen, zumeist gramnegativen Bakterien mit ihren schädlichen Stoffwechselprodukten verdrängt werden. Vermutlich wird nicht nur die Bildung dieser Gifte verringert, sondern auch deren Übertritt ins Blut. Dadurch werden ständige Entzündungsreize vermindert, die sonst zu Stoffwechselproblemen bis hin zu Herz-Kreislauf-Krankheiten führen würden.

Ein perfektes Beispiel für ein Synbiotikum ist ein Müsli mit Naturjoghurt. Es enthält probiotische Milchsäurebakterien und als Prebiotika Beta-Glucane in Hafer- oder Gerstenflocken sowie Pektine im Raspelapfel oder in den Beeren. So ein Mix tut dem Darm besonders gut. Ein anderes Beispiel ist Kartoffelsalat, der resistente Stärke als Prebiotikum enthält und mit selbst gemachtem Apfelessig lebende Essigsäurebakterien als Probiotikum beisteuert. Im besten Fall besteht unsere Ernährung aus einem Puzzle von Synbiotika. Und genau dabei möchte ich Sie mit meinen Rezepten unterstützen.

LAST, BUT NOT LEAST: POSTBIOTIKA

Die relativ neue Bezeichnung »Postbiotika« steht für die Stoffwechselprodukte und Verbindungen, die probiotische Bakterien produzieren. Sie können positive Auswirkungen auf den Stoffwechsel haben, wie die kurzkettigen Fettsäuren zeigen. Butyrat, Propionat und Azetat beispielsweise sind Postbiotika.

DAS MACHT DEN DARM FIT

Essen ist inzwischen zu einer 24-Stunden-Beschäftigung geworden. Ist das ein Problem? Wie reagiert die Darmmikrobiota auf ständiges Snacken? Und was bedeutet das für unseren Ess-Alltag? Wie sollen wir essen?

Es hat sich herausgestellt: Nicht nur was wir essen – auch wie und wann wir essen, beeinflusst das Mikrobiom. Studien zeigen, dass Darmbakterien einem Tagesrhythmus folgen. Das heißt, sie sind zu bestimmten Tageszeiten besonders aktiv. Und so reagieren sie auch darauf, wann sie »Futter« bekommen – oder auch wenn sie nichts bekommen. Weitere Untersuchungen lassen vermuten, dass eine Esspause dem Mikrobiom guttut. Im Extremfall heißt das: Fasten. Beim Fasten wird für eine bestimmte Zeit vollkommen oder teilweise auf bestimmte Lebensmittel, Getränke oder Genussmittel verzichtet.

Die verschiedenen Arten des Fastens unterscheiden sich darin, wie lange auf Nahrung verzichtet wird, und in den Einschränkungen der Lebensmittel, die gegessen werden dürfen. Die bekannteste Fastenmethode ist das klassische Heilfasten nach Buchinger. Dabei ist ausschließlich der Verzehr von kalorienfreien Getränken wie Wasser und Tee oder von Gemüsebrühen erlaubt. Koffein, Alkohol und Nikotin sind tabu. Pro Tag dürfen maximal 250 bis 550 kcal verzehrt werden.

Während beim Heilfasten eine Kalorienaufnahme von bis zu 500 kcal pro Tag erlaubt ist, sollte die Energiezufuhr bei einer Nulldiät tatsächlich 0 kcal betragen. Nur die Zufuhr von Wasser und kalorienfreien Tees ist erlaubt – sonst nichts.

HEILFASTEN FÜR DIE DARMGESUNDHEIT

Forscher* innen der Universität Wien und des Biotechnologie-Unternehmens BIOMES haben in einer gemeinsamen Studie untersucht, welche Auswirkungen das Heilfasten nach Buchinger auf die Zusammensetzung der Darmbakterien und immunmodulatorische Parameter hat. Die Ergebnisse zeigen: Heilfasten führt nicht nur zu einem Gewichtsverlust, sondern wirkt sich auch unmittelbar auf die Darmgesundheit und -zusammensetzung aus. Butyrat, Futter für die Darmzellen, nahm durch den bakteriellen Abbau von Ballaststoffen zu, ebenso die Vielfalt der guten Bakterien. So konnte zum Beispiel auch ein Anstieg von Lactobazillen (Milchsäurebakterien) sowie von Faecalibacterium prausnitzii, Akkermansia und Bifidobakterien festgestellt werden. Das könnte erklären, warum Fasten insgesamt die Abwehrkräfte und die Gesundheit stärkt.

WAS PASSIERT BEIM INTERVALLFASTEN IM DARM?

Bei dieser Fastenform verzichten wir eine Zeit lang auf Essen. Nachts fastet jeder. Beim Intervallfasten wird diese Fastenphase auf bis zu 16 Stunden ausgedehnt. Das bedeutet: Verzicht auf Frühstück oder Abendessen. Manchmal werden auch ein bis zwei Fastentage pro Woche eingeschoben und die übrige Zeit normal gegessen.

Auch Intervallfasten erhöht die Produktion der kurzkettigen Fettsäuren. Genau wie das Heilfasten führt es zu Veränderungen in der Zusammensetzung der Darmflora und des Stoffwechsels. Die Zusammensetzung verbessert sich zum Beispiel durch ein höheres Vorkommen der Bacteroidetes. Von diesen gibt es in unserem Darm oft etwas zu wenig. Durch die seltenere Nahrungsaufnahme beim Intervallfasten können sich einige Bakterien stärker vermehren als andere. Diese Bakterien stellen zum Beispiel Essig- und Milchsäure her, welche wiederum ins Blut aufgenommen werden und den Fettabbau anregen. Außerdem führt intermittierendes Fasten zu einer verbesserten Appetitregulierung und beeinflusst die Immunreaktionen des Darms bei der Entwicklung von Herz-Kreislauf-Erkrankungen, Blutdruck und Diabetes mellitus durch metabolische Aktivitäten.

Alles in allem verändert auch Intervallfasten die Beschaffenheit der Mikrobiota positiv und erhöht die mikrobielle Vielfalt im Darm signifikant. Das wird wiederum mit einem gesünderen Darmmikrobiom in Verbindung gebracht. Dagegen weist eine geringe Diversität des Mikrobioms auf chronische Krankheiten hin wie Übergewicht, Insulinresistenz, einen hohen Cholesterinspiegel oder erhöhte Inflammation, Typ-1- und Typ-2-Diabetes, Colitis ulcerosa, Darmkrebs, Morbus Crohn und auch CFS (Chronisches Erschöpfungssyndrom) bzw. ME (Myalgische Enzephalomyelitis). Es bleibt die Frage offen, ob eine geringe Vielfalt der Darmflora die genannten Krankheiten fördert oder ob die Krankheiten zu einer abnehmenden Vielfalt unserer Darmbakterien führen. Laut Forschungsergebnissen sprechen Argumente dafür, dass Ersteres der Fall ist, dass nämlich eine negativ veränderte Darmmikrobiota diese Erkrankungen triggert.

Esspausen sind für den Darm wichtig

Nicht jeder möchte oder kann fasten. Aber die Erkenntnisse aus der Fastenforschung machen klar: Esspausen sind für die Gesundheit des Darms wichtig. Denn zwei Stunden nach dem Essen setzt der »Housekeeping-Effekt« ein. Darunter versteht man »Putzwellen« und Reparaturphasen, in denen sich die Darmzellen und Bakterien um sich selbst kümmern und keine Verdauungsarbeit leisten müssen. Ideal sind essfreie Abstände zwischen den Mahlzeiten von vier bis sechs Stunden. Den Rest erledigt dann die Nachtruhe für uns.

KURZ UND KNAPP

Nicht nur was wir essen, sondern auch wann wir essen, beeinflusst unser Darmmikrobiom. Studien zeigen: Esspausen tun unserem Mikrobiom gut. Sowohl Heilfasten als auch Intervallfasten wirken sich positiv auf die Darmgesundheit und die Zusammensetzung der Mikrobiota aus. Beide Fastenformen erhöhen die mikrobielle Vielfalt und die Produktion kurzkettiger Fettsäuren. Auch ohne Fasten sollten zwischen den Mahlzeiten vier bis sechs Stunden liegen.

RITUALE UND PLANUNG ENTSPANNEN

Stress tut unserem Mikrobiom gar nicht gut – auch das konnte man in Studien nachweisen. Nicht zufällig sagen wir: »Das ist mir auf den Magen geschlagen.« Stress entsteht immer, wenn Zeitdruck da ist. Wenn dann noch Hunger aufkommt und nichts vollwertiges Essbares im Haus ist oder auf dem Tisch steht, leidet die gesunde Ernährung: Der Griff in die Snackkiste liegt nahe.

Deshalb lohnt es sich in jedem Fall, am Wochenende einen Speiseplan für die Woche zu machen. So kann man in Ruhe alle Zutaten einkaufen, manches vorbereiten oder sogar vorkochen. Besonders wichtig ist dies, wenn es am Arbeitsplatz keine vollwertige Verpflegung gibt. Dann kann eine Lunchbox Wunder wirken. Deshalb habe ich auch Wochen-Speisepläne entwickelt – für den Neustart in die darmgesunde Ernährung, aber auch für eine Aufbauwoche nach Antibiotikabehandlung (S. 192).

Auch zuverlässige Mahlzeiten können Druck aus dem Alltag nehmen. Gerade wer nicht als Single lebt, muss sich dann nicht jeden Tag erneut absprechen, sondern kann sich an den gemeinsam festgelegten Zeiten orientieren. Wenn Kinder im Haushalt leben, ist solch ein zuverlässiger Rahmen besonders wichtig und stellt die Weichen für eine gesunde Zukunft.

KURZ UND KNAPP

Bei Stress und Zeitdruck gesunde Ernährung? Das hilft: Meal-Prep und Lunchboxen für die Arbeit, Wochen-Speisepläne und feste Essenszeiten.

WAS SOLLTEN WIR ESSEN?

Als ich dieses Buch plante, wollte ich ausschließlich vegetarische Rezepte für den Darm entwickeln. Doch die Recherche hat mich eines Besseren belehrt: Am günstigsten ist eine sogenannte Mittelmeerdiät mit viel pflanzlichen Lebensmitteln. Dazu mäßige Mengen Milchprodukte, weißes Fleisch und Fisch. Außerdem wenig Süßes, Zuckriges und möglichst selten vorproduzierte Lebensmittel. Diese Ernährung passt bestens zu den Ansprüchen unserer Darmmikrobiota. Vielleicht hat die Mittelmeerdiät auch deshalb so viele positive Auswirkungen auf die allgemeine Gesundheit und Lebenserwartung?

Nachfolgend die Empfehlungen zu den wichtigsten Lebensmittelgruppen im Sinne einer darmgesunden Ernährung – nach der Lebensmittelpyramide (Abbildung 4) geordnet. Dabei zeigt die Spitze der Pyramide nicht die besten, sondern diejenigen Lebensmittel an, die nur in kleinen Mengen gegessen werden sollten. Bitte nicht vergessen: Es geht hier um eine Orientierung und Empfehlungen, nicht um strikte Verbote!

Abbildung 4: Die Lebensmittelpyramide veranschaulicht eine darmgesunde Ernährung.

Die darmgesunde Lebensmittelpyramide

1. STUFE (HELLBLAU): Die Basis einer Ernährung, die dem Darm guttut, ist Flüssigkeit. Mindestens 1½ bis 2 Liter am Tag sorgen dafür, dass die Ballaststoffe im Darm quellen können und die Verdauung vorangeht. Dabei ist Trinkwasser perfekt – gern mit einem Schuss Apfelessig aromatisiert. Auch Tee und Kaffee sind zu empfehlen – solange sie nicht gesüßt sind. Besonders toll: selbst fermentierte Getränke wie Kombucha oder Brottrunk. Auch gut: Barley Water – Gerstenwasser.

LIEBER NICHT: Säfte, Limonaden, Süßgetränke jeder Art und natürlich alkoholische Getränke.

2. STUFE (GRÜN): Mengenmäßig darauf folgen frisches Gemüse und Obst – mit dem Schwerpunkt auf Gemüse: Drei Portionen gegenüber zwei Portionen Obst sollten es sein. Das sorgt nicht nur für reichlich MACs, sondern auch für bioaktive Substanzen, Mineralstoffe und Vitamine. Diese Fraktion füllt mit ihrem hohen Wasser- und Ballaststoffgehalt unseren Magen und bringt den Darm in Schwung. Eine wohltuende Ergänzung ist frisch Fermentiertes, am besten nicht pasteurisiertes Gemüse wie Kimchi und Sauerkraut. Tiefgefrorenes Gemüse und Obst ohne Zusätze sind ebenfalls fein.

LIEBER NICHT: Trockenfrüchte sind eher Süßigkeit als Grundnahrungsmittel. Das gilt ebenfalls für Kompott, Konfitüre und Quetschies oder Gemüsechips.

3. STUFE (BEIGE): Kalorienmäßig wird es gehaltvoller. Die pflanzlichen Sattmacher wie Getreide und damit Brot und Nudeln, aber auch Kartoffeln und getrocknete Hülsenfrüchte – auch als Konserve – sind reich an Kohlenhydraten und ebenfalls an MACs. Drei bis vier Portionen pro Tag sollten es sein. Vor allem Hafer und Gerste sind wertvoll für den Darm. Getreide am besten als Vollkorn verarbeiten. Auch Mehl der Type 1050 ist okay. Sauerteigbrot bevorzugen, das lange gegangen ist – am besten backt man es selbst. Kartoffeln, Reis und Nudeln vom Vortag sind besonders darmfreundlich durch resistente Stärken. Das gilt ebenso für altbackenes Brot. Bei Hartweizennudeln können es auch Nicht-Vollkornprodukte sein. Süßes Gebäck mit Obst, Trockenfrüchten und Nüssen bevorzugen.

LIEBER NICHT: Weißes Gebäck jeder Art aus Turbo-Bäckereien. Das gilt ebenso für Pizza, Döner oder Wraps: Meist sind sie viel und schnell gebacken. Weißes Mehl, Stärke, Puddingpulver und süßes Gebäck jeder Art lieber vermeiden. Und natürlich Pommes!

4. STUFE (ROT): Hier sind die Eiweißträger versammelt: Ein bis zwei Portionen Fisch in der Woche, ebenso viel weißes Fleisch, täglich eine Portion Milch, Milchprodukte – vor allem probiotische Naturjoghurts, am besten selbst gemacht – und Rohmilchkäse können prebiotisch wirken. Ei und Tofu sind ebenfalls gute Eiweißlieferanten und können vor allem Fleisch ersetzen.

LIEBER NICHT: Wurst, Aufschnitt, Geräuchertes, rotes und scharf gebratenes Fleisch, aber auch vegane Ersatzprodukte, die Emulgatoren, Stabilisatoren und gesättigte Fette wie Palm- und Kokosöl enthalten.

5. STUFE (GELB): Kleine, feine Mengen Fett sind gefragt, vor allem Produkte, die viel Omega-3-Fettsäuren enthalten wie Raps-, Soja- und Walnussöl. Auch Olivenöl ist gut, Butter nur in kleinen Mengen. Besser aufs Brot einen Rapsöl-Butter-Mix geben. Alle Nüsse und Saaten sind reich an guten Fetten – und Ballaststoffen. Perfekt für die vegetarische Küche.

LIEBER NICHT: Speck, Schmalz, Kokos- und Palmfett wegen ihrer gesättigten Fettsäuren, Sonnenblumen- und Distelöl wegen der Omega-6-Fettsäuren.

6. STUFE (DUNKELBLAU): In der kleinen, feinen Spitze sind Dinge, die nicht so guttun, aber als Genussmittel in kleinen Mengen akzeptabel sind. Etwa dunkle Schokolade, Datteln oder andere Trockenfrüchte, Gemüsechips, Knabbernüsse, ein Glas Wein oder alkoholfreie Biere. Je natürlicher, desto besser.
LIEBER NICHT: Schokolade im Riegel, Süßigkeiten, stark gesalzenes und aromatisiertes Knabberzeug, mehr als ⅛ Liter Wein für Frauen bzw. ¼ Liter für Männer, Getränke mit einem hohen Alkoholgehalt.

Welche Lebensmittel besonders darmfreundlich sind, ist der Tabelle auf Seite 194–195 zu entnehmen. Sie ist sicher nicht komplett, denn in vielen Fällen ist der Gehalt an Inulin oder Fructanen oder anderen Ballaststoffen nicht genau bekannt und verfügbar. Doch die Grundregel lautet: Gemüse ist im Prinzip immer gut, und alles, was unter der Erde gedeiht oder was man tüchtig kauen muss, enthält tendenziell mehr Gutes.

KURZ UND KNAPP

Was ist für die darmgesunde Ernährung wichtig? Reichlich Flüssigkeit: 1½ bis 2 Liter täglich – am besten Trinkwasser, aber auch ungesüßte Tees und Kaffee. Außerdem 3 Portionen Gemüse und 2 Portionen Obst am Tag. Als pflanzliche Sattmacher: 3 bis 4 Portionen – bevorzugt Getreide aus Vollkorn, Kartoffeln und Hülsenfrüchte. Bei den Eiweißträgern: 1 bis 2 Portionen Fisch pro Woche und täglich 1 Portion Milch oder Milchprodukte – vor allem probiotische Naturjoghurts. Gern auch Ei und Tofu. Fette in Maßen, bevorzugt Raps-, Soja- und Walnuss- oder auch Olivenöl. Und natürlich gesunde Fettquellen wie Nüsse und Samen. In kleinen Mengen akzeptabel: dunkle Schokolade, Datteln, andere Trockenfrüchte sowie ein Glas Wein.

PRAKTISCHE TIPPS – MEHR BALLASTSTOFFE IM ALLTAG

Aus Karotten, Paprika, Brokkoli, Tomaten, Kartoffeln, Pastinaken oder anderem Gemüse eine Suppe kochen und durch Pürieren cremig machen. Das deckt schon einen Teil des Flüssigkeitsbedarfs und liefert gleichzeitig viele Ballaststoffe.

- Statt Soße mit Stärke zu binden, einfach geraspeltes Wurzelgemüse mitschmoren und pürieren. Das macht die Soße sämig und liefert unbemerkt Ballaststoffe.
- Vollkornprodukte statt Weißmehlprodukte verwenden. Nicht jedes dunkle Brot ist aus Vollkorn – die Farbe kann auch von Zuckercouleur oder Rübensirup kommen!
- In Rezepten lässt sich Weißmehl durch Mehl der Type 1050 oder Vollkornmehl ersetzen. Im Teig braucht das etwas mehr Flüssigkeit. Aber es wird keinem auffallen! Schmeckt besonders gut in Pizzaboden und in Schoko- und Nussgebäck.
- Es gibt neuerdings Mehle aus Hülsenfrüchten wie Kichererbsen, Linsen oder Soja. Sie enthalten nicht nur mehr Ballaststoffe, sondern auch mehr Eiweiß. Mit ihnen kann man nicht so gut backen, aber in Pfannkuchen können sie einen Teil des Weizenmehls ersetzen. Sie eignen sich für Puffer, Spätzle oder Panierungen.
- Nuss- und Mandelmehl ist ebenfalls neu, eiweiß- und ballaststoffreich. Es entsteht, wenn Öl gepresst wird. Schmeckt in Pfannkuchen, Puffern und Panierung.
- Wer Nüsse und Mandeln nicht knabbern mag, kann sie mahlen oder als Mus in Soßen und Suppen oder Brotaufstriche einrühren.
- Lassen Sie stärkereiche Beilagen wie Nudeln, Reis oder Kartoffeln abkühlen, dann entsteht resistente Stärke, die auch als Ballaststoff wirkt. Aber Vorsicht: Weder mit viel Fett braten noch mit Mayo als Salat anmachen, denn zu viel Fett mag die Darmmikrobiota nicht.
- Frühstücksbrei oder Müsli aus Vollkornflocken herstellen. Durch Einweichen oder Kochen werden sie leichter verdaulich und lassen sich besser kauen. Die Körner Amaranth oder Quinoa gibt es auch gepoppt für die schnelle Zubereitung. Mit neutralen Flocken lassen sich Soßen oder Suppen binden.

AUCH AUF DIE KOCHTECHNIK KOMMT ES AN

In rohem Zustand ist der Ballaststoffgehalt von Gemüse, Obst und Getreide in der Regel ein kleines bisschen höher: Wir müssen deutlich mehr kauen. Doch am Ende ist das kein Grund, jetzt nur noch Rohkost zu knabbern. Schließlich wird durch Garen, Gehen und Fermentieren manches verträglicher und leichter verdaulich. Deshalb ist für den Darm ein Mix aus rohem und gegartem Gemüse perfekt. In rohem Gemüse bleiben besonders die wasserlöslichen Vitamine erhalten und auch manche Bioaktivstoffe. Das Garen wiederum erhöht in vielen Fällen die Bioverfügbarkeit einzelner Nährstoffe – von Mineralstoffen über Vitaminen bis zum Eiweiß. Und die etwas schwerer verdauliche Rohkost wird ergänzt durch verträglicheres Gegartes.

Aber welche Garmethode ist am darmfreundlichsten? Für Eiweißreiches, also vor allem für Fleisch, sagen die Studien: je schwächer die Hitze, desto besser. Deshalb ist Sous-vide, also das Garen im Vakuum bei Temperaturen zwischen 60 und 70 Grad, tatsächlich am besten. Doch keine Sorge: Sie müssen sich jetzt keinen Sous-vide-Garer zulegen. Auch das Fleisch kurz anzubraten und dann gar ziehen zu lassen oder das Fleisch in Soßen oder einem Gemüsemix zu dünsten ist schonender, als zu grillen, zu schmoren oder gar zu frittieren.

Für Gemüse ist Dünsten im eigenen Saft bei niedriger Temperatur oder Dämpfen am besten geeignet. Ich selbst habe mit dem Dämpfer gute Erfahrungen gemacht: Er gart schonend und unkompliziert, erhält den Eigengeschmack, und man kann das Gemüse danach warm oder kalt genießen oder weiterverarbeiten.

KURZ UND KNAPP

Ein Mix aus rohem und gegartem Gemüse ist ideal für unseren Darm. Die darmfreundlichsten Garmethoden sind: Eiweißreiches wie Fleisch bei niedrigen Temperaturen garen (Sous-vide) bzw. kurz anbraten und dann gar ziehen lassen, alternativ in Soßen oder Gemüse dünsten. Für Gemüse gilt: bei niedriger Hitze dünsten oder dämpfen.

GUT GEWÜRZT IST HALB VERDAUT

Gerade zu Beginn einer ballaststoffreichen, darmfreundlichen Ernährung gibt es manchmal Probleme mit der Verdauung. Denn wenn es den Darmbakterien gut geht und sie einen lebhaften Stoffwechsel haben, produzieren sie eben auch Gase – meist Wasserstoff, Methan, Kohlendioxid und Schwefelwasserstoff. Der Mix ist bei jedem Menschen und je nachdem, was er gerade gegessen hat, anders. Aber genau diese Gase werden als unangenehm empfunden. Nicht nur wegen des Geruchs. Der eine empfindet leichte Blähungen bereits als Bauchschmerzen und fühlt sich krank, während andere diese Gase kaum wahrnehmen. Sicher ist: Diese Empfindlichkeit nimmt ab, wenn sich der Körper an die neue Art der Ernährung gewöhnt.

Außerdem kann man einiges tun, um die Symptome zu lindern: Bewegung hilft in jedem Fall, aber auch blähungstreibende Gewürze, die Bauchweh reduzieren, die Gasentwicklung dämpfen und gleichzeitig dem Darm wohltun. Sehr traditionell sind Kümmel, Fenchel und Anis. Auch Ingwer, Kurkuma, Koriander, Kreuzkümmel und Senf können blähungstreibend wirken. Bei den Kräutern sind es Pfefferminze und Kamille. Bohnenkraut, Thymian, Rosmarin und Majoran helfen nicht direkt gegen Blähungen, regen aber die Verdauung insgesamt an. Dem Darm tun frische, natürliche Kräuter und Gewürze in jedem Fall gut.

KURZ UND KNAPP

Blähungen gehören bei einer darmgesunden Ernährung dazu – doch es gibt Entwarnung: Die Empfindlichkeit dafür nimmt mit der Zeit etwas ab. Abhilfe schaffen Gewürze wie Kümmel, Fenchel, Anis, Ingwer, Senf, Kurkuma und Koriander. Auch Kräuter wie Pfefferminze, Kamille und Co tun gut.

WAS TUN BEI REIZDARM UND ANDEREN PROBLEMEN?

Reizdarm, Colitis ulcerosa und Morbus Crohn sind drei unterschiedliche chronische Darmerkrankungen, die deutlich zunehmen. Bei allen sind die Ursachen noch unklar, ebenfalls die Therapie. Und bei allen kommen Sie mit einer darmgesunden Ernährung nicht weiter. Oft verschlimmert sie sogar die Symptome.

Auch die Häufigkeit von Allergien und (Nahrungs-)Unverträglichkeiten wie Zöliakie oder Lactoseintoleranz steigt. Es heißt, dass heute fast jeder Dritte von einer allergischen Erkrankung betroffen ist. Während der Therapie muss oft eine Diät eingehalten werden, in der auch darmgesunde Lebensmittel auf der Verbotsliste stehen. Wie sollen wir uns also ernähren, wenn der Darm Probleme macht?

ERNÄHRUNG BEI CHRONISCHEN DARMERKRANKUNGEN

Nicht bei allen chronischen Darmerkrankungen gelten die Regeln einer darmgesunden Ernährung. Fast immer ist die Behandlung sehr individuell. Sehen wir uns die wichtigsten drei hinsichtlich ihrer Symptomatik und Therapiemöglichkeit einmal an.

Reizdarm

Leiden Betroffene unter wiederkehrenden Bauchschmerzen, Blähungen, Durchfall oder Verstopfung oder beides im Wechsel, manchmal Schleim im Stuhl, Abgeschlagenheit, Kopfweh und Unwohlsein, handelt es sich oft um das Reizdarmsyndrom. Schätzungen zufolge sind bis zu 15 Prozent der Allgemeinbevölkerung von einem Reizdarm betroffen. Die meisten Menschen sind bei der Diagnose jünger als 50 Jahre, Frauen sind doppelt so häufig erkrankt.

Die genauen Ursachen des Syndroms sind bis heute nicht geklärt, deshalb ist auch die Diagnose schwierig. Meist durchlaufen Betroffene monate-, manchmal jahrelang einen Ärztemarathon. Andere Krankheiten, die den Verdauungstrakt betreffen, müssen ausgeschlossen und Lebensmittelunverträglichkeiten getestet werden. Trifft kein anderes Krankheitsbild zu, handelt es sich in vielen Fällen um das Reizdarmsyndrom.

Erforscht ist mittlerweile zumindest, dass es sich nicht um eine psychosomatische Störung, sondern um eine organische Erkrankung handelt. Forscher der TU München stellten fest, dass die Nerven in der Darmwand schwächer auf Reize reagieren, sich die Darmwand scheinbar durch eine Desensibilisierung vor einer Überreizung schützt. Ob das für die Symptome verantwortlich sein kann, ist offen. Vermutet wird eine Veränderung in der Darmmuskulatur oder eine Störung der Darm-Gehirn-Kommunikation, die ein erhöhtes Schmerzempfinden zur Folge hat.

Es gibt keine eindeutige Diagnostik, und auch die Behandlung ist individuell unterschiedlich. Aber im Prinzip gelten bei Reizdarm die Empfehlungen für ein darmgesundes Leben: genug Bewegung, genug Schlaf, genug Entspannung. Und eine darmgesunde Ernährung. Doch es gibt auch Betroffene, die ballaststoffreiche Lebensmittel in der akuten Phase nicht gut vertragen. Da hilft nur Selbstbeobachtung.

Colitis ulcerosa

Eine lang anhaltende Entzündung und Schädigung der Darmschleimhaut wird als Colitis ulcerosa bezeichnet. Auch hier sind die Ursachen nicht geklärt, man nimmt aber an, dass Genetik, Immunreaktion und Umwelt eine Rolle spielen. Nur eine Darmspiegelung mit einer Gewebeprobe ermöglicht eine eindeutige Diagnose. Je nach Schäden der Darmschleimhaut kommt es zu schweren, auch blutigen Durchfällen, Bauchkrämpfen, Gewichtsabnahme und Schwäche, denn der kranke Darm nimmt nicht mehr genug Nährstoffe auf. Die Krankheit tritt oft in Schüben auf und kann am Ende sogar zu Darmkrebs führen.

Betroffene sollten sich eher ballaststoffarm ernähren, Lactose und Gluten meiden, fettarm essen und viele kleine Mahlzeiten zu sich nehmen – also fast das Gegenteil einer darmgesunden Ernährung. Deshalb kann es bei einer Diät und durch die Krankheit zu Nährstoffmangel kommen, der nur durch Supplemente ausgeglichen werden kann. Da der Bedarf individuell oft sehr unterschiedlich ist, sollte man nicht von vornherein den Speiseplan zu sehr einschränken. Am Ende hilft oft eine Operation, bei der ein Teil des Dickdarms entfernt wird.

Morbus Crohn

Die Autoimmunerkrankung Morbus Crohn kann den gesamten Verdauungstrakt betreffen und tritt in Schüben auf. Dabei greift das Immunsystem den eigenen Darm an und löst chronische Entzündungen aus, die im Gegensatz zu Colitis ulcerosa den ganzen Darm betreffen. Die Folgen sind blutige Durchfälle, Bauchschmerzen, Gewichtsverlust, Müdigkeit, manchmal Fieber, Gelenkschmerzen, Haut- und Augenprobleme – und das nur während eines Schubes.

Die Diagnose ist langwierig. Eine regelrechte Heilung ist selten möglich. Die Therapie ist wie bei den anderen Erkrankungen sehr individuell durchzuführen.

Patentrezept Low-FODMAP-Diät?

Die Abkürzung FODMAP kommt aus dem Englischen und steht für *fermentable oligo-, di-, monosaccharides and polyols.* Auf Deutsch bedeutet das: Vergärbare Mehrfach-, Zweifach-, Einfachzucker und mehrwertige Alkohole. Mit der FODMAP-Diät ist also eine Kostform gemeint, die Lebensmittel mit einem hohen Anteil dieser Zuckerarten ausschließt. Der Begriff »Diät« ist übrigens etwas unpassend. Er kommt vom Englischen *diet*, was eigentlich treffender mit »Ernährungsweise« übersetzt werden kann. In den letzten Jahren kamen immer mehr Studien zu dem Schluss, dass Reizdarm-Betroffene ihre Symptome durch Low-FODMAP-Lebensmittel lindern konnten – eine gute Nachricht für alle, die unter Schmerzen, Durchfällen und Verstopfungen leiden.

Bestimmte Lebensmittel haben eine osmotische Wirkung in unserem Körper. Das bedeutet, sie können zu einer übermäßigen Ansammlung von Wasser im Dünndarm führen und dann zu Durchfall. Einige der FODMAP-reichen Lebensmittel gehören zu dieser Gruppe. Andere Lebensmittel, die ebenfalls hohe FODMAP-Werte haben, steigern eher die Gasproduktion im Dickdarm. Das macht sich mit Blähungen bemerkbar. Eine Vermeidung dieser FODMAP-reichen Lebensmittel kann zu einer Besserung führen.

Eine weitere Vermutung, warum die FODMAP-Ernährung helfen kann, hängt mit unserem Nervensystem zusammen. Der Meissner-Plexus ist ein Nervenfasergeflecht, das zum vegetativen Nervensystem gehört. Er befindet sich zwischen Schleimhaut und Muskeln in der Submukosa, der Bindegewebsschicht unter der eigentlichen Schleimhaut, und ist im gesamten Verdauungstrakt vertreten, vor allem aber in unserem Darm. Unsere Verdauung wird maßgeblich durch den Meissner-Plexus geregelt. Zum Beispiel werden die Drüsen, die Verdauungssäfte bilden, durch ihn gesteuert. Aber auch die Bewegungen des Darms hängen mit dem Nervenkomplex zusammen. In Studien wurde nachgewiesen, dass eine FODMAP-arme Kostform den Meissner-Plexus stärkt. Bei Reizdarm-Betroffenen kann das wiederum zu einer Verbesserung des Krankheitsbildes führen.

Wie funktioniert die FODMAP-Ernährung?

Die FODMAP-»Diät« besteht aus mehreren Phasen und sollte unbedingt von einer Ernährungsberatung bzw. ernährungsmedizinischen Behandlung begleitet werden. Keinesfalls sollte man langfristig auf Lebensmittel mit FODMAP-Zuckern verzichten. Sonst droht eine Mangelernährung! Denn die Low-FODMAP-Diät ist eine kurzfristige Kur für Kranke, keinesfalls eine darmgesunde Ernährung für Gesunde. Die Kur wird am besten in drei Phasen durchgeführt:

1. Die erste Phase ist die strengste, aber auch die kürzeste Phase. Hier wird auf alles verzichtet, was einen hohen FODMAP-Wert hat (siehe Tabelle S. 194–195). Die Auslass-Phase sollte mindestens vier Wochen, maximal acht Wochen durchgeführt werden, damit die Entzündungen dauerhaft zurückgehen.
2. In der zweiten Phase werden vorsichtig Lebensmittel mit einem hohen FODMAP-Gehalt getestet. Sie sind alle potenziell reizend und werden oftmals schlecht vertragen. Das muss aber nicht sein! Deshalb die Lebensmittel mit hohen FODMAP-Werten erst in kleiner Menge ausprobieren. Bei guter Verträglichkeit innerhalb einer Woche die Menge nach und nach steigern. Wenn auch das keine Probleme macht, können diese Lebensmittel zukünftig uneingeschränkt gegessen werden. Kommt es zu Störungen, lieber darauf verzichten. So kann man sich eine eigene, individuelle FODMAP-Liste erarbeiten und eine Kostform aufbauen, die langfristig durchzuhalten und gut verträglich ist.
3. Die dritte Phase ist eine dauerhafte Ernährungsweise mit den Lebensmitteln, die dem Betroffenen gut bekommen. In stressigen Phasen, wie etwa Prüfungssituationen oder vor größeren Entscheidungen, ist es besser, auf High-FODMAPs zu verzichten. Denn Stress ist Gift für den Reizdarm.

Sind darmgesunde Ernährung und Low-FODMAP-Diät vereinbar?

Kurz zur Erinnerung: Bei darmgesunder Ernährung spielen Pro- und Prebiotika eine wichtige Rolle. Probiotika sind Bakterien, die für die Gesundheit des Darms wichtig sind. Dazu zählen zum Beispiel Milchsäurebakterien, Bifidobakterien, Bacteroidetes und viele mehr (siehe Tabelle S. 35–36). Prebiotika hingegen sind das Futter für die Darmbakterien. Das ist natürlich genauso wichtig wie die Darmbakterien selbst, denn nur mit dem Futter fühlen sie sich im Darm wohl.

Typische darmgesunde Lebensmittel sind pektinreiche Lebensmittel wie Äpfel, Bananen, außerdem Getreide wie Hafer und Gerste mit Beta-Glucanen, inulinreiche Gemüsesorten wie Spargel, Artischocken oder Pastinaken und Lebensmittel mit viel FOS (Fructooligosaccharide) wie Zwiebeln und Lauch und GOS (Galactooligosaccharide) wie in Muttermilch. Außerdem Schleimstoffe und resistente Stärken. Alle diese Lebensmittel werden als MACs bezeichnet (siehe S. 40).

Bei der Gegenüberstellung von darmgesunder Ernährung und der Low-FODMAP-Diät fällt auf: Typisch darmgesunde Lebensmittel sind FODMAP-reich, sollten also bei der »Reizdarm-Diät« gemieden werden. Heißt das jetzt, dass sich Menschen mit Reizdarm nicht darmgesund ernähren können? Nein! Denn einer der wichtigsten Punkte bei der Low-FODMAP-Diät ist wie gesagt, dass sie nur über einen begrenzten Zeitraum (max. 6–8 Wochen) durchgeführt werden soll. Deswegen heißt sie auch Diät. Sie soll keine dauerhafte Ernährungsform sein! Durch die sehr großen Einschränkungen in der Lebensmittelauswahl kann es sonst langfristig zu einer Mangelernährung kommen. Studien haben sogar gezeigt, dass sich die Low-FODMAP-Diät negativ auf die Darmmikrobiota auswirkt. Denn sie führt zu einer Verringerung der Bifidobakterien und einem allgemeinen Ungleichgewicht der Darmflora. Daher ist es besonders wichtig, nach der Low-FODMAP-Diät die Darmflora durch probiotische und prebiotische Lebensmittel wieder aufzubauen.

Probiotika bei Reizdarm?

Untersuchungen haben ergeben, dass der Einsatz von Probiotika zu einer Verbesserung der Reizdarm-Symptome führen kann. Dabei reicht es leider nicht, probiotische Lebensmittel (z. B. Kefir, Sauerkraut und Co) zu verzehren – da ist der Probiotika-Gehalt zu gering und deren FODMAP-Gehalt problematisch. Wenn hier von der Therapie mit Probiotika die Rede ist, dann geht es dabei um Präparate.

Alles in allem toll, hat allerdings einen Haken. Denn die grundsätzliche Wirksamkeit von Probiotika bei Reizdarmsyndrom ist zwar belegt, es gibt aber leider nicht das eine Präparat, das bei allen Reizdarm-Patienten für alle Symptome gleich wirksam ist, und auch keine Garantie, dass ein Präparat im Einzelfall überhaupt wirkt. Deswegen muss die Behandlung mit Probiotika immer erst getestet werden und sollte nur fortgeführt werden, wenn eine Linderung der Beschwerden zu beobachten ist.

Ein weiterer Haken: Die meisten Probiotika wirken in der Regel nur vorübergehend. Wird die Einnahme beendet, werden sie meist wieder ausgeschwemmt. Doch für dieses Problem scheint es eine Lösung zu geben: Synbiotika. Das ist die Kombination aus Probiotika und Prebiotika, heißt: In einem Präparat sind sowohl die probiotischen Kulturen, also Bakterien wie Milchsäure- und Bifidobakterien, enthalten als auch deren »Starterfutter« in Form von Prebiotika. Leider ist die Wirkung des Synbiotikums von Faktoren wie Alter, Geschlecht, Ernährung und individueller Zusammensetzung der Mikrobiota abhängig. Außerdem: Noch befindet sich die Verwendung von Synbiotika im Anfangsstadium. Klar ist aber in jedem Fall schon: Diese Therapieform wird eine wichtige Rolle bei der Behandlung des Reizdarmsyndroms spielen.

KURZ UND KNAPP

Eine darmgesunde Ernährung und die Low-FODMAP-Diät können nicht gleichzeitig durchgeführt werden. Nach der strengen Low-FODMAP-Diät ist jedoch eine individuell angepasste darmgesunde Ernährung möglich. Probiotika und Synbiotika sind alternative Therapieformen für Reizdarm-Patienten, bei denen die Präparate individuell angepasst werden sollten. Ist die Behandlung erfolgreich, kann der Betroffene auf eine darmgesunde Ernährung umsteigen.

ERNÄHRUNG BEI ALLERGIEN UND UNVERTRÄGLICHKEITEN

Immer mehr Menschen verzichten auf bestimmte Inhaltsstoffe in Lebensmitteln wie Gluten, Lactose, Fructose oder Histamin, da sie unangenehme oder sogar gefährliche Beschwerden auslösen. Generell sollte beim Arzt oder der Ernährungsberatung abgeklärt werden, auf was empfindlich reagiert wird. Verstimmungen und Bauchschmerzen nach dem Essen können unterschiedlichste Gründe haben. Ein Verzicht auf gewisse Lebensmittel oder gar ganze Lebensmittelgruppen ohne Gewissheit der Ursache und Auslöser ist aufgrund daraus folgender Mangelernährung nie zu empfehlen.

Bei einer Allergie reagiert das Immunsystem mit einer überschießenden Reaktion auf bestimmte Inhaltsstoffe. Vom Körper gebildete Antikörper (Typ IgE) richten sich dabei gegen die scheinbare Gefahr und lösen bestimmte Symptome aus. Häufig treten die Reaktionen durch das Eiweiß in Kuhmilch, Ei, Weizen oder Soja auf. Wird eine Allergie ärztlich diagnostiziert, muss das Lebensmittel strikt gemieden werden. Bei einer Unverträglichkeit sind die Reaktionen weniger eindeutig und eine Diagnose somit schwieriger. Eine Glutensensitivität, Lactose- oder Histaminintoleranz sind aber trotzdem keine eingebildeten Erkrankungen.

Was tun bei Unverträglichkeit gegen Gluten oder Weizen?

Man unterscheidet zwischen Zöliakie (angeborene Glutenunverträglichkeit), Weizenallergie (speziell auf Weizen reaktiv) und Glutensensitivität, die sich auch im Alter noch entwickeln kann. Hier reagiert die Darmschleimhaut mit eindeutigen Beschwerden auf das Getreideeiweiß, obwohl keine Allergie nachzuweisen ist. Eine glutenfreie Ernährung muss in diesem Fall nicht ganz so strikt eingehalten werden wie bei einer Zöliakie.

Durch eine Ernährungstherapie kann die eigene Toleranzschwelle auf glutenhaltige Getreidesorten wie Dinkel, Gerste und Roggen am besten herausgefunden werden. Außerdem wirken alle Kernpunkte der darmfreundlichen Ernährung: Hefe- oder Sauerteiggebäck, das lange geht, Müsli, das vorher eingeweicht wird, und Vollkorn statt weißem Mehl werden in der Regel viel besser vertragen als weißes Blitzgebäck aus dem Backautomaten. Auch der Verzicht auf Fertigprodukte macht sich positiv bemerkbar. Bei einer Zöliakie dagegen muss jegliches Gluten vermieden werden. Stattdessen glutenfreies Getreide und Pseudogetreide verwenden. Eine Zöliakie ist mithilfe einer Darmspiegelung und Gewebeprobe klar festzustellen. Sensitivität und Unverträglichkeit sind dagegen nicht so klar zu diagnostizieren.

GLUTENFREIES GETREIDE UND PSEUDOGETREIDE

Hirse, Mais, Reis, Hafer*	glutenfreies Getreide; eisen- (Hirse, Hafer) und zinkreich
Buchweizen, Amaranth, Quinoa	Pseudogetreide; reich an Eiweiß, Eisen-, Zink- und B-Vitamin-Quelle

* Hafer ist herkömmlich glutenfrei, aber meistens durch die Verarbeitung mit Gluten verunreinigt. Unbedingt auf die Verpackung achten!

Keine Probleme bei Lactoseunverträglichkeit

Auch bei einer Lactoseunverträglichkeit müssen nicht automatisch alle Milchprodukte vom Speiseplan gestrichen werden. Denn das Enzym Lactase, das den Milchzucker spaltet, fehlt meist nicht vollständig, sondern ist nur in geringerer Konzentration in der Dünndarmschleimhaut vorhanden. Durch den Enzymmangel wird der Milchzucker nicht gespalten, kann somit nicht ins Blut geschleust werden und gelangt stattdessen unverändert in den Dickdarm. Dort wird der Zucker von Bakterien abgebaut, was zu den typischen Beschwerden führt: Bauchschmerzen, Durchfall und Übelkeit.

Trotzdem muss man nicht ausschließlich auf lactosefreie Produkte zurückgreifen. Manche Milchprodukte, wie Joghurt, enthalten durch die Fermentierung bereits keine oder nur sehr wenig Lactose. Eine Lactoseunverträglichkeit lässt sich durch einen Atemtest beim Arzt nachweisen – aber nicht mit 100-prozentiger Sicherheit.

MILCHPRODUKTE BEI LACTOSEINTOLERANZ

DAS VERBESSERT DIE VERTRÄGKICHKEIT …	… AUS DIESEN GRÜNDEN
Vollfette Milchprodukte mit Eiweiß und Fett (in Gerichten) kombinieren	langsamerer Transport durch den Dünndarm und dadurch bessere Verdauung
Auf Sauermilchprodukte (Joghurt*, Kefir) zurückgreifen	Milchsäurebakterien haben einen Teil der Lactose bereits abgebaut.
Schnittkäse und Butter sind verträglich	Sie enthalten keine relevanten Mengen an Lactose.
Lactosefreie Milchprodukte und Getreidedrinks, angereichert mit Calcium, verwenden	für eine ausreichende Calcium-Versorgung

* Die Zutatenliste prüfen! Milchpulver erhöht den Lactosegehalt wieder.

Wenn Fructose im Darm nicht aufgenommen werden kann

Wenn das Enzym, das Fructose durch die Darmwand transportiert (Glucose-Transporter 5), nicht richtig funktioniert, wird die Fructose nicht im Dünndarm aufgenommen, sondern gelangt in den Dickdarm und kann dort Beschwerden von Bauchkrämpfen über Blähungen und Aufstoßen bis hin zu Durchfällen auslösen. Deshalb ist es sinnvoll, sich eher fructosearm zu ernähren. Zum Glück gelingt das mit Fleisch, Fisch, Eiern, Milchprodukten, Reis, Kartoffeln und den meisten Gemüsesorten. Auch Bananen, Beeren und Zitrusfrüchte sind fructosearm, die meisten Äpfel und Birnen liefern dagegen leider reichlich Fructose.

Zucker sollte in jedem Fall vermieden werden – das entspricht auch einer darmgesunden Ernährung. In manchen Fällen verbessert etwas Traubenzucker allerdings die Aufnahme, weil er den Transport von Fructose durch die Darmschleimhaut ankurbelt. Dann zum Beispiel das Apfelmus mit etwas Traubenzucker süßen. Kritisch sind für manche Betroffene Fructane wie Inulin, die den Darmbakterien guttun (siehe Tabelle S. 35 f.). Doch auch hier gilt: Ausprobieren, was einem bekommt. Eine Fructosemalabsorption lässt sich durch einen Atemtest beim Arzt feststellen – allerdings nicht mit 100-prozentiger Sicherheit.

Histaminintoleranz ist schwer festzustellen

Hinter Verdauungsbeschwerden kann eine Histaminintoleranz stecken. Es wird vermutet, dass auch hier ein Enzymmangel für die Symptome verantwortlich ist – genaue Ursachen hat man bisher noch nicht gefunden. Auch eine klare Diagnose ist nicht möglich.

Bei dem Verdacht auf eine Unverträglichkeit ernährt sich der Betroffene 10 bis 14 Tage histaminarm. Das bedeutet, dass vor allem Lebensmittel gemieden werden, die durch Gärung, Reifung oder Fermentation haltbar gemacht wurden – zum Beispiel Sauerkraut, Bier, Wein, Rohwurst, Schinken und Käse. Also auch viele Lebensmittel, die dem Darmmikrobiom guttun. Deshalb soll man eine histaminarme Kost nicht lebenslang einhalten. Bessern sich die Beschwerden, wird unter ärztlicher Aufsicht erneut Histamin zugeführt, um sicherzugehen, dass die Reaktionen auf diesen Stoff zurückzuführen sind. Ist das der Fall, wird eine individuelle Ernährungsberatung empfohlen, da nicht auf jegliches Histamin verzichtet werden muss.

KURZ UND KNAPP

Bei Allergien und Unverträglichkeiten muss zeitweise eine Diät eingehalten werden. Dabei kommen auch darmgesunde Lebensmittel auf die Verbotsliste. Deshalb sollte solch eine eingeschränkte Kostform – abgesehen von der lebenslang bestehenden Zöliakie – nur eine Zeit lang durchgehalten werden. Danach sollte man nach und nach auf eine darmgesunde Ernährung umschwenken und nur auf Lebensmittel verzichten, wenn sie klare Symptome auslösen.

FERMENTIERTES SUPERFOOD:

5 x selber machen

SUPERFOOD FÜR DEN DARM: FERMENTIERTES

Die Fermentation ist ein faszinierender Prozess, der von Bakterien, Hefen und Pilzen gestaltet wird. Diese mikroskopisch kleinen Organismen verwandeln einfache Rohstoffe in köstliche und gesunde Lebensmittel. Diese strotzen dann nur so von gesunden probiotischen Bakterien und sind besonders wertvoll für unsere Darmgesundheit.

Bei der Fermentation bauen Milch- oder Essigsäurebakterien Kohlenhydrate zu Milch- oder Essigsäure ab. Dadurch sinkt der pH-Wert, das Lebensmittel wird sauer, und das wiederum erhöht seine Haltbarkeit. Klassische Beispiele sind Sauerkraut, Salzgurken, das koreanische Kimchi, Essig, Joghurt und Kefir, Sauerteigbrot oder auch das Getränk Kombucha. Im besten Fall enthalten diese Lebensmittel lebende Mikroben, die probiotisch wirken, also schädliche Kleinstlebewesen im Darm reduzieren und nützliche fördern.

Werden zum Beispiel Nahrungsbestandteile wie Milchzucker in Joghurt oder Ballaststoffe und Kohlenhydrate in Kraut abgebaut, sind die ursprünglichen Lebensmittel dadurch leichter verdaulich und entwickeln zusätzlich wertvolle Nährstoffe wie Vitamine. Im Darm tun sich diese guten Bakterien dann mit der »Stammmannschaft« zusammen und verarbeiten die Ballaststoffe weiter. Dabei entstehen nicht nur die kurzkettigen »guten« Fettsäuren, sondern auch andere bioaktive Substanzen. Die Mikroorganismen aus den fermentierten Lebensmitteln und deren Stoffwechselprodukte können sich positiv aufs Immunsystem auswirken. Den konkreten Nachweis darüber zu führen ist schwer.

Doch nicht jedes »Fermentum« ist probiotisch. Die Lebensmittel entwickeln eine nicht genau benannte Vielfalt von Bakterien, über die es eben auch keine entsprechenden Studien mit geprüfter Wirkungsweise gibt. Und: Manche Lebensmittel enthalten durch ihre Verarbeitung keine lebenden Mikroorganismen mehr, wie zum Beispiel Sauerteigbrot nach dem Backen oder Joghurt nach dem Pasteurisieren. Trotzdem sind die so fermentierten Lebensmittel bekömmlicher und wohltuend für unsere Verdauungsorgane. Lebende Probiotika sind allerdings besser. Industriell werden sie manchen Lebensmitteln zugesetzt – die dürfen sich dann als probiotisch bezeichnen.

Selbst fermentieren ist leicht und lohnt

Ich bin der Meinung: Es lohnt sich, fermentierte Lebensmittel selbst herzustellen, anstatt auf Fertigprodukte zurückzugreifen. Denn so können Sie die Qualität der Zutaten selbst bestimmen und verzichten außerdem auf unnötige Zusatzstoffe. Es ist eine tolle Bereicherung und wohltuend für die Darmmikrobiota, weil wir die Nahrung ganz frisch auf den Teller bekommen. Und Fermentieren ist leichter, als Sie womöglich denken. Deshalb gibt es auf den folgenden Seiten einfache Anleitungen dazu, und Sie erfahren, wie man Joghurt, Kimchi oder Sauerkraut, Apfelessig, Kombucha und Sauerteig selbst macht. Fermentiert sind sie eine tolle Möglichkeit, den Speisezettel zu bereichern und unserem Mikrobiom einen kleinen Kick zu geben.

Wichtig bei jeder Fermentierung sind saubere Gefäße und Geräte bei der Zubereitung, damit sich keine unerwünschten Keime niederlassen. Das kann nämlich die Gärung durchkreuzen. Doch keine Sorge: Sterilisieren ist nicht notwendig – es reichen die Geschirrspülmaschine oder heißes Wasser mit Spülmittel. Auch die Arbeitsflächen sollten frisch gereinigt sein. Zimmertemperatur hilft in jedem Fall gerade zu Beginn der Gärung. Deshalb ist das Fermentieren im Sommer einfacher als im Winter.

Apfelessig

Und so wird's gemacht

Apfelessig entsteht durch Essigsäuregärung: Essigsäurebakterien bauen Zucker zu Alkohol und dann zu Essigsäure um. Dabei brauchen sie Sauerstoff und etwas Wärme. Man kann den Essig auch aus »Abfällen« herstellen, wenn man Apfelmus macht.

ZUTATEN FÜR CA. 1 ½ LITER

1 kg Äpfel oder Apfelschalen und -kerngehäuse
2 EL Zucker
Außerdem
2 Einmachgläser
1 Nylonstrumpf oder Küchentuch
1 Untersetzer
1 Sieb
2 luftdichte Flaschen (à 750 ml)

Für einen gesunden Darm ist es förderlich, Apfelessig selbst herzustellen. Denn er enthält – im Gegensatz zum pasteurisierten Essig im Handel – lebende Milch- und Essigsäurebakterien. Die lebenden Mikroorganismen wiederum wirken probiotisch auf unser Darmmikrobiom und verstärken dort die guten Bakterien. Dadurch normalisiert sich auch das Gesamtcholesterin, und der oxidative Stress sinkt.
Die bei der Gärung entstehende Essigsäure wirkt zusätzlich keimabwehrend und verlangsamt die Aufnahme von Kohlenhydraten aus unserer Nahrung: Der Nahrungsbrei verweilt länger im Magen. In der Folge steigt der Blutzuckerspiegel nach dem Essen nicht so schnell an und bleibt länger konstant. Auch die Verdauung wird durch die Essigsäurebakterien unterstützt.
Am besten wirkt Apfelessig, wenn man ihn regelmäßig zu sich nimmt: Trinken Sie jeden Morgen vor dem Frühstück ein Glas verdünnten Apfelessig (siehe Apfelessig-Trunk S. 73). Damit unterstützen Sie die gesunde Verdauung und damit einen guten Start in den Tag.

1 Die Äpfel in kleine Stücke schneiden, faule Stellen entfernen.
2 Ein großes Einmachglas mit kochendem Wasser ausspülen und mit den Apfelstücken befüllen. Mit dem Zucker bestreuen und mit Leitungswasser auffüllen. **(1)**
3 Am besten mit einem ganzen Apfel beschweren, sodass alles vollständig mit Wasser bedeckt ist. Das Glas mit einem Nylonstrumpf oder einem luftigen, dicht schließenden Küchentuch bedecken. **(2)**
4 Das Gefäß auf einem Untersetzer an einen warmen Ort stellen, zum Beispiel auf die Fensterbank. Während es gärt, kontrollieren, ob sich kein Schimmel bildet (bei Schimmel wegschütten!). Ab und zu umrühren bzw. leicht rütteln.
5 Nach 2 Wochen ein weiteres Glas mit heißem Wasser ausspülen. Die Flüssigkeit in dieses Gefäß absieben und noch mal für 4 Wochen abgedeckt stehen lassen. **(3)**.
6 Wenn sich eine gallertartige Schicht (Essigmutter) gebildet hat, ist der Essig fertig. **(4)** Essigmutter kann abgesiebt und für das Ansetzen eines neuen Essigs verwendet werden. Den entstandenen Essig in eine luftdichte Flasche umfüllen.

TIPP

Besonders aromatisch wird Apfelessig aus Apfeldirektsaft. Oder Sie stellen selbst Apfelsaft mit der Küchenmaschine her und setzen ihn an.

1

2

3

4

KIMCHI

UND SO WIRD'S GEMACHT

Kimchi entsteht durch Milchsäuregärung. Die Milchsäurebakterien wandeln Zucker zu Milchsäure um. Die Bakterien benötigen für die Gärung keinen Sauerstoff. In warmer Umgebung verläuft die Gärung schneller.

ZUTATEN FÜR CA. 2 ½ LITER

1 großer Chinakohl
Salz
2 Möhren
1 weißer Rettich
1 Bund Frühlingszwiebeln
4 Knoblauchzehen
30 g Ingwer
1–2 Chilischoten
Außerdem
1 große Schüssel
1 Sieb
1 großes Gefäß
2–4 Weck- oder Schraubgläser
1 Glasdeckel oder 1 Apfel

INFO

Keine Sorge, wenn sich eine milchige Schicht bildet: Das ist Kahm. In seltenen Fällen kann das Kimchi aber auch schimmeln. Das Glas riecht dann verdorben und hat einen pelzig-grauen Belag. In dem Fall wegwerfen!

Kimchi ist die koreanische Alternative zu Sauerkraut, wird in der Regel mit Chinakohl gemacht und gelingt besonders gut und schnell. Das Prinzip ist immer dasselbe: Das Gemüse wird zerkleinert, gesalzen und gestampft. Dabei tritt Zellsaft aus, und eine Milchsäuregärung beginnt.
Durch die Fermentation wird das Gemüse bekömmlicher, da die enthaltenen Ballaststoffe leichter verdaut werden können. Die Milchsäurebakterien verbessern die Darmgesundheit und sorgen für eine gesunde Darmflora. In pasteurisierten Produkten sind sie nicht mehr aktiv – ein Grund, Gemüse selbst zu säuern. Die Milchsäurebakterien produzieren außerdem B-Vitamine. Laut einer Studie der Uni Wageningen können sie sogar einige Pestizide abbauen. Gesäuertes Gemüse ist reich an Phenolen, die zu den gesundheitsfördernden bioaktiven Substanzen zählen, Vitamin C und Mineralstoffen wie Calcium, Eisen und Kalium.
Die Fermentation des Gemüses findet ohne Sauerstoff statt. Deshalb das Gemüse im Glas so beschweren, dass es nicht mit Luft in Berührung kommt. Je länger Kimchi gärt, desto saurer wird es. Ist es sauer genug, in den Kühlschrank stellen. Das bremst den Gärvorgang. Im Kühlschrank hält sich Kimchi 2–3 Monate.

1 In einer großen Schüssel eine Salzlake (20 g Salz pro 1 l Wasser) herstellen. Den Kohl in 1 cm breite Streifen schneiden und mit der Salzlake komplett bedecken. **(1–2)** Für 2 Stunden stehen lassen.

2 Die Möhren und den Rettich schälen und raspeln. Die Frühlingszwiebeln putzen und in Ringe schneiden.

3 Knoblauch und Ingwer schälen und klein hacken. Den Stiel von den Chilis abschneiden, die Schoten in Streifen schneiden und quer dazu in feine Würfel. Das scharfe Innere mit verwenden.

4 Den Kohl in ein Sieb abgießen und die Salzlake in einem großen Gefäß auffangen. Den Kohl ausdrücken und in einer Schüssel mit Möhren, Rettich, Frühlingszwiebeln, Knoblauch, Ingwer und Chilis und einem Teil der Salzlake gut durchmischen. **(3)**

5 Den marinierten Kohl in Weck- oder Schraubgläser bis maximal einen Fingerbreit unter den Rand geben. Mit der Salzlake auffüllen, bis das Kraut komplett mit der Flüssigkeit bedeckt ist – die Flüssigkeit sollte nicht ganz bis an den Rand des Glases reichen. Damit keine Luft im Glas verbleibt, den Kohl richtig herunterdrücken und mit einem Glasdeckel oder auch einem großen Apfel beschweren. Es dürfen keine Luftblasen eingeschlossen werden. Die Gläser luftdicht verschließen und für mindestens 3 Tage bei Zimmertemperatur stehen lassen. **(4)**

VARIANTEN

Auf diese Weise lässt sich auch Sauerkraut oder saures Rotkraut herstellen. Die Gärung dauert dann etwas länger. Grundsätzlich kann man auch Möhren, Bohnen, Gurken oder Rote Bete fermentieren. Dazu sollte man sie vorher raspeln und sehr klein schneiden, denn hartes und stückigeres Gemüse braucht sehr lange und »kippt« dann manchmal, statt zu säuern. Anstelle von Knoblauch und Ingwer passen Zwiebeln, Senf- oder Pfefferkörner, Lorbeer, Thymian oder Rosmarin als Würze.

1

2

3

4

JOGHURT

UND SO WIRD'S GEMACHT

Am einfachsten ist es, Joghurt aus Milch und Naturjoghurt - möglichst mit einem probiotischen Joghurt - zu erzeugen. Wichtig ist dabei die richtige Temperatur.

ZUBEREITUNGSZEIT:
6–10 Stunden
NÄHRWERTE 69 kcal, 3,9 g EW, 3,8 g F, 4,4 g KH, 0 g BS

ZUTATEN FÜR CA. 800 GRAMM
2 EL unerhitzter Naturjoghurt
750 ml pasteurisierte Vollmilch oder H-Milch
Außerdem
1 Schneebesen
3–4 Schraubgläser

Joghurt entsteht, wenn Milch mithilfe von Milchsäurebakterien fermentiert wird. Die Milchsäurebakterien im Joghurt tun dem Darmmikrobiom gut. Sie erhöhen die Anzahl der guten Bakterien und schützen so die Schleimhäute. Das sorgt auch für eine erhöhte Immunabwehr gegen Infektionen, denn eine ausreichende Menge Milchsäurebakterien verhindert, dass sich krank machende Keime in unserem Körper festsetzen. Außerdem ist Joghurt verträglicher als Milch: Sein Lactosegehalt ist geringer. Durch die entstandene Milchsäure gerinnt zudem das Milcheiweiß und wird leichter verdaulich: Der Joghurt wird dick.
Bei der industriellen Joghurtherstellung wird die Rohmilch pasteurisiert. Dadurch wird die Milch nahezu keimfrei gemacht. Erst im nächsten Schritt werden isolierte Bakterienkulturen hinzugegeben. Um Joghurt selbst zu machen, werden der Milch Bakterienkulturen in Form von fertigem, gekauftem Naturjoghurt oder einer Joghurt-Reinzucht-Kultur zugegeben. Probiotischer oder nicht erhitzter Naturjoghurt ist dafür am besten geeignet. Vom selbst gemachten Joghurt kann eine Portion für die nächsten Male benutzt werden. Doch der Gehalt an Milchsäurebakterien nimmt mit der Zeit ab. Wird die mit Joghurt »geimpfte« Milch nicht mehr dick, braucht man frischen Joghurt.

1 Die Milch und den Joghurt mit einem Schneebesen glatt verrühren. Die Mischung am besten in Portionsschraubgläser füllen und verschließen. **(1-2)**

2 Die Gläser auf den Rost im Backofen stellen und den Joghurt bei kleinster Stufe (42–45 Grad) etwa 6–10 Stunden reifen lassen. Wer eine hat, nutzt die Wärmeschublade. **(3)**

3 Der Joghurt ist fertig, sobald er eingedickt ist. **(4)** Dann die Joghurts im Kühlschrank lagern. Dort verlangsamt sich der Fermentationsprozess, stoppt aber nicht – der Joghurt wird von Tag zu Tag säuerlicher.

TIPP

Energiesparend ist es, die Milch auf 50 Grad zu erwärmen, dann mit Joghurt zu impfen und in eine Thermoskanne oder eine Thermobox zu füllen. Wer regelmäßig Joghurt selbst herstellt, kann einen Joghurtbereiter anschaffen, der mehrere Schraubgläser enthält und die gewünschte Temperatur auf Dauer hält.

1

2

3

4

KOMBUCHA

UND SO WIRD'S GEMACHT

Wer Kombucha selbst herstellen möchte, muss sorgfältig arbeiten und streng auf Hygiene achten – sonst kann es zu einer Besiedelung mit unerwünschten Keimen kommen.

ZUTATEN FÜR CA. 1 ½ LITER

12 g Tee (Schwarz- und Grüntee)
100 g Rohrohrzucker
300 ml heißes Wasser
1 l kaltes Wasser
SCOBY + Starterflüssigkeit (200 ml)

Außerdem

1 Gärgefäß
1 Stofftuch
1 Gummiband
2 luftdichte Flaschen (à 750 ml)

Kombucha gilt aufgrund seiner Inhaltsstoffe, des sauren pH-Werts und der probiotischen Wirkung als Superfood: Die Darmgesundheit wird unterstützt, das Immunsystem gestärkt, der Körper entgiftet und die Hautphysiologie verbessert. Die guten Mikroorganismen aus dem Kombucha siedeln sich im Darm an und verdrängen so die schädlichen Bakterien. Außerdem schmeckt Kombucha erfrischend und gut.

Als Grundlage für das Getränk dienen gezuckerter Tee und ein Kombuchapilz (SCOBY – eine symbiotische Kultur aus Bakterien und Hefen), den man zum Beispiel im Internet bestellen kann. Traditionell wird Kombucha aus Grün- oder Schwarztee hergestellt – es kann allerdings jede beliebige Teesorte verwendet werden. Bio-Tees ohne Zusatzstoffe und Herbizide sind ideal, denn sie stören das Wachstum des SCOBY nicht. Aromatisierte Tees hingegen sollten nicht verwendet werden.

Der für die Fermentation benötigte Zucker wird übrigens zu großen Teilen verstoffwechselt und abgebaut. Je länger Kombucha fermentiert, desto geringer ist der Zuckergehalt. Aber wer zu lange wartet, hat am Ende Essig und Alkohol! Außerdem verliert der Kombucha seine Kohlensäure. Bei einer Überfermentation werden die probiotischen Bakterien und Enzyme abgebaut.

1. Das Gärgefäß mit heißem Wasser ausspülen.
2. Die Teemischung mit 300 ml heißem Wasser übergießen. Nach 5–8 Minuten ins Gärgefäß absieben. **(1)**
3. Den Zucker im heißen Tee auflösen. Dann 1 l kaltes Wasser zufügen.
4. Die Starterflüssigkeit mitsamt SCOBY vorsichtig in das Gärgefäß geben. **(2)**
5. Nun das Stofftuch über die Gefäßöffnung spannen und mit dem Gummiband befestigen. **(3)** Bei Raumtemperatur an einem dunklen Ort mit Luftzirkulation lagern. Nach 5 Tagen das erste Mal probieren. Nach 7–10 Tagen ist der Kombucha genügend fermentiert. **(4)**
6. 80 % des Kombuchas in Flaschen füllen und luftdicht verschließen, im Kühlschrank aufbewahren. Er säuert langsam nach. Die restliche Flüssigkeit mit dem SCOBY können Sie als neue Starterflüssigkeit verwenden.

1

2

3

4

SAUERTEIG

UND SO WIRD'S GEMACHT

Am besten setzt man Vollkornmehl mit Wasser an. Das klappt nicht nur mit Roggen, sondern auch mit Weizen oder Dinkel. Läuft die Gärung, dann muss der Teig immer wieder mit Mehl und Wasser »gefüttert« werden.

ZUTATEN FÜR 1 BROT (1–2 ½ KG)

285 g Vollkornmehl
340 ml Wasser

Außerdem

1 Einmachglas
1 Holzlöffel
1 Brotbackform

Sauerteig ist ein Triebmittel, das beim Backen dafür sorgt, dass der Teig aufgeht. Roggenbrot zum Beispiel lässt sich ohne Sauerteig schwer zu Brot verarbeiten, denn Roggen enthält kaum Gluten, weshalb der Teig allein durch die Zugabe von Hefe nicht geht. Die in Sauerteig enthaltenen Milchsäurebakterien und Hefen aber bilden unter Zugabe von Mehl und Wasser fortlaufend Säuren. Der Teig wird dadurch locker und luftig, die Backfähigkeit verbessert sich, und der Geschmack wird intensiver. Auch die Haltbarkeit des Brotes wird verlängert, weil der pH-Wert sinkt, das Brot also säuerlich wird.
Die Milchsäurebakterien des Sauerteigs lassen den Blutzuckerspiegel nach dem Verzehr langsamer ansteigen. Außerdem wird die Magenentleerung verzögert, und Antioxidantien werden freigesetzt. Durch den Fermentationsprozess wird Phytinsäure abgebaut, die die Aufnahme von Mineralstoffen wie Eisen, Magnesium und Zink im Darm behindert. Dadurch steigt die Bioverfügbarkeit dieser Mineralstoffe.
Sauerteigbrot enthält verdauungsfördernde Stoffe wie nicht fermentierbare Ballaststoffe und Probiotika, die die guten Bakterien im Darm nähren und sich positiv auf die Darmgesundheit und Verdauung auswirken können. Bei der Sauerteigfermentation wird zudem Gluten abgebaut. Daher ist Sauerteigbrot insgesamt besser verträglich, vor allem für Menschen mit Weizensensitivität. Der hier vorgestellte Sauerteigansatz ersetzt Fertigsauerteig für das Sauerteig-Topfbrot (siehe S. 85).

1. An Tag 1 75 g Vollkornmehl und 100 ml lauwarmes Wasser in ein Einmachglas geben, gut umrühren. Der Teig sollte leicht flüssig sein. Nicht luftdicht verschließen, denn der Sauerteig benötigt für die Gärung Sauerstoff. Das Glas an einen warmen Ort stellen (optimal: 25–30 Grad) und für etwa 12 Stunden ruhen lassen. **(1)** Dann mit einem Holzlöffel umrühren und wieder für 12 Stunden stehen lassen.
2. An Tag 2–4 täglich 70 g Mehl und 80 ml lauwarmes Wasser hinzugeben – der Teig bzw. die Bakterien müssen mit Kohlenhydraten »gefüttert« werden. Dabei gut umrühren und 24 Stunden stehen lassen. **(2)**
3. An Tag 5 ist der Teig fertig zum Weiterverarbeiten! Den Teig zu einem Brot verbacken (siehe Sauerteig-Topfbrot S. 87), zuvor etwa ein Drittel abzweigen für das Anstellgut. Dieses im Kühlschrank lagern und einmal pro Woche mit gleichen Teilen Mehl und Wasser füttern. Das Anstellgut 24 Stunden vor dem Backen aus dem Kühlschrank nehmen, füttern und im Warmen wieder »aufwecken«.

TIPP

Je älter das Anstellgut, desto besser sind die Triebeigenschaften. Zu Beginn des Brotbackens sollte zusätzlich Hefe verwendet werden. Wenn man eine längere Backpause einlegen möchte, das Anstellgut am besten einfrieren.

1

2

3

4

60 REZEPTE: Koch deinen Darm gesund

BARLEY WATER

Dieser Sud aus Gerstengraupen wurde schon von Hildegard von Bingen empfohlen. Die Beta-Glucane, die vom Korn ins Wasser übergehen, füttern die guten Darmbakterien. Sie sorgen außerdem nachweislich für einen gesunden Cholesterinspiegel und einen ausgeglichenen Blutzucker.

1 Die Gerste mit 1 ½ l Trinkwasser in einem Topf aufkochen und zugedeckt etwa 1 Stunde kochen lassen.
2 Dann die Flüssigkeit durch ein engmaschiges Sieb in einen Krug abseihen.
3 Die Zitrone waschen, die Schale spiralig abschälen, die Frucht mehrfach mit einer Gabel einstechen. Beides in das Gerstenwasser hängen.
4 Das Getränk kalt stellen. Im Kühlschrank bleibt es 2–3 Tage frisch.

ZUTATEN FÜR CA. 1 LITER

60 g Gerstengraupen oder Gerstoni-Flocken
1 Bio-Zitrone

ZUBEREITUNGSZEIT: ca. 1 Std.
NÄHRWERTE PRO LITER CA.:
113 kcal, 3 g EW, 2 g F, 20 g KH, 1 g BS

TIPP

Die gekochte Gerste kann zu Gemüsecremesuppen (z.B. Rezept S. 126) gegeben werden, einfach mitpürieren.

VARIANTEN

Statt Zitrone den Saft einer Orange zugeben. Wer mag, kann auch Minze und Zitronenmelisse mit ziehen lassen.

APFELESSIG-TRUNK

Apfelessig mit wenig Honig in Wasser aufgelöst, hat morgens auf nüchternen Magen getrunken eine positive Wirkung auf die Verdauung. Vor allem, wenn der Essig selbst gemacht ist (Rezept S. 60). Denn dann sind die probiotischen Bakterien enthalten, die bei der Pasteurisierung verloren gehen. Außerdem wirkt der Essig leicht basenbildend – trotz seiner Säure. Das tut der Darmschleimhaut ebenfalls gut. Rosmarin wirkt anregend und aktivierend – perfekt für den Morgen!

1 Alle Zutaten miteinander verquirlen und schlückchenweise trinken – am besten auf nüchternen Magen.

ZUTATEN FÜR 1 GLAS

1–2 EL Apfelessig
¼ l zimmerwarmes Wasser
½ TL Rosmarinhonig

ZUBEREITUNGSZEIT: ca. 2 Min.
NÄHRWERTE PRO GLAS:
14 kcal, 0,1 g EW, 0 g F, 2,4 g KH, 0 g BS

INFO

Für den Rosmarinhonig 1-2 Zweige Rosmarin in ein Schraubglas geben und mit Honig auffüllen. Nach etwa 4-5 Tagen hat der Honig die ätherischen Öle aufgenommen. Alternativ dem Trunk ein paar Blätter frische Zitronenmelisse oder Basilikum zufügen - das wirkt eher beruhigend.

OVERNIGHT-PORRIDGE

ZUTATEN FÜR 1 PORTION
1 Dattel
10 Mandeln (10 g)
1 grüne Kardamomkapsel
30 g Haferflocken
200 ml Haferdrink
100 g frisches Obst

ZUBEREITUNGSZEIT:
ca. 10 Min. + 10 Std. Stehzeit

NÄHRWERTE PRO PORTION:
326 kcal, 9,2 g EW, 10,5 g F, 53,0 g KH, 10,7 g BS

Hafer ist ein Darmschmeichler durch seine Beta-Glucane. Wenn er aufgekocht wird und über Nacht steht, entwickeln sich resistente Stärken – ebenfalls Futter für die guten Bakterien.

1 Dattel und Mandeln fein hacken. Kardamomkapsel knacken und die feinen Samen mit den Haferflocken, dem Haferdrink, Dattelstücken und Mandeln kurz aufkochen. Abkühlen lassen und über Nacht in den Kühlschrank stellen.

1 Morgens mit einem Schuss heißem Wasser auf Zimmertemperatur bringen. Mit rohem Obst der Saison oder TK-Beeren toppen. Wer es heiß mag, kann das Porridge nochmals erwärmen, ohne es zu kochen.

INFO

Hafermilch ist fermentiert und reich an Beta-Glucanen – beides gut für den Darm. Achten Sie darauf, dass die Hafermilch möglichst nur aus Wasser, Hafer und eventuell etwas Öl und Salz besteht. Barista-Varianten enthalten oft Stabilisatoren und einen Mix vieler pflanzlicher Eiweiße.

VARIANTEN

Ungesüßten Mandeldrink anstelle des Haferdrinks verwenden oder statt Kardamom gemahlenen Zimt. Wer Schokolade liebt, kann morgens 1 TL dunkles Kakaopulver oder Kakaonibs untermischen.

CRUNCHY VORRATSMÜSLI

Sie haben keine Zeit, täglich frisch ein Müsli zu mixen? Und sind ein Fan von Knuspermüsli? Dann rösten Sie am besten Flocken und Mandeln auf Vorrat mit Xylit. Denn der schadet der Mikrobiota nicht – im Gegenteil. Rosmarin wirkt gegen Blähungen.

1 Die Mandeln und den Rosmarin grob hacken und mit den Flocken und dem Amaranth mischen. Auf einem mit Backpapier ausgelegten Backblech verteilen und mit Xylit bestreuen.

2 Den Backofen auf 200 Grad anheizen, das Blech hineinschieben und die Mischung etwa 10 Minuten rösten, bis der Xylit geschmolzen ist.

3 Den Müslimix vom Backpapier auf eine glatte Fläche stürzen. Nach dem Erkalten etwas zerkrümeln und in eine verschließbare Müslibox füllen.

4 Pro Portion etwa 60 g des Müslis mit 150 g Joghurt und 1 geraspeltem Apfel vermischen.

ZUTATEN FÜR 10 PORTIONEN
200 g Mandeln
1 Handvoll Rosmarinnadeln
200 g Hafer- oder Gerstenflocken
100 g gepuffter Amaranth
80 g Xylit

ZUBEREITUNGSZEIT: ca. 15 Min.
NÄHRWERTE PRO PORTION:
253 kcal, 8,9 g EW, 12,6 g F, 26,2 g KH, 5,2 g BS
Mit 150 g Joghurt (3,5 %) und 1 Apfel: 430 kcal, 15,1 g EW, 18,2 g F, 51,6 g KH, 7,5 g BS

INFO

Xylit ist ein Zuckeralkohol, der gut halb so viel Kalorien wie Zucker enthält, keine Karies verursacht und im Dickdarm von den Darmbakterien verstoffwechselt wird. Deshalb kann er in größeren Mengen zu Blähungen führen. Xylit schmilzt, aber karamellisiert nicht.

VARIANTEN

Den Rosmarin weglassen und 2-3 TL Zimtpulver nach dem Erhitzen unterziehen. Xylit lässt sich durch 100 g Honig ersetzen. Vorsicht: Er wird schnell dunkel und hat mehr Kalorien.

Buchweizen-Kascha

ZUTATEN FÜR 1 PORTION
30 g Buchweizen
15 g Leinsamen
200 ml Ayran
100 g Kirschtomaten
2–3 Stiele Basilikum

ZUBEREITUNGSZEIT: ca. 10 Min. + 10 Std. Stehzeit
NÄHRWERTE PRO PORTION:
272 kcal, 11,3 g EW, 9,95 g F, 35,8 g KH, 6,06 g BS

Morgens muss ein Müsli nicht unbedingt süß sein. Geröstet wird Buchweizen gut verdaulich und bekommt einen nussigen Geschmack. Leinsamen wirken vor allem durch ihren Schleim heilsam im Darm und müssen eingeweicht werden, um ihre Kraft zu entfalten. Basilikum beruhigt den Magen.

1. Buchweizen in einer beschichteten Pfanne rösten, bis er zu bräunen beginnt. Dann mit dem Leinsamen und dem Ayran mischen. Über Nacht bei Zimmertemperatur quellen lassen.
2. Morgens Tomaten waschen, halbieren oder vierteln. Basilikum waschen und die Blätter abzupfen. Beides zur Kascha geben und genießen.

INFO

Ayran ist eine türkische Spezialität aus Joghurt, Wasser und etwas Salz.

VARIANTEN

Sättigender wird der Mix mit 1 Handvoll gerösteter Kürbiskerne. Statt Basilikum und Tomaten schmeckt auch magenberuhigender Dill mit Gurkenstückchen.

KRAFTQUELLE

BANANENBROT

Reife Bananen enthalten mehr Zucker, aber auch mehr darmfreundliches Pektin, unreife Bananen dagegen kaum Zucker, aber resistente Stärken, die die Darmbakterien ebenfalls verstoffwechseln. Für dieses Rezept sind überreife Bananen perfekt. Nüsse und Vollkorn tun mit ihren Ballaststoffen dem Darm ebenfalls gut.

ZUTATEN FÜR 1 KASTENFORM VON 10 × 25 CM (12 SCHEIBEN)

250 g Vollkornmehl (Dinkel oder Weizen)
3 TL Backpulver
1 Msp. Salz
1 Prise frisch geriebene Muskatnuss
120 g Walnusskerne
400 g sehr reife Bananen
100 g weiche Datteln
100 ml Rapsöl
2 Eier
1–2 TL Zimtpulver

1. Den Backofen auf 180 Grad vorheizen. Die Form mit Backpapier auslegen. Mehl mit Backpulver, Salz und Muskat in eine Schüssel sieben. Walnüsse fein hacken und dazugeben.
2. Die Bananen schälen, in kleine Stücke schneiden. Die Datteln hacken. Beides in einer Schüssel mit einem Stabmixer pürieren, das Öl dabei einfließen lassen. Dann die Eier, 1 Prise Salz und Zimt unterrühren und zu den trockenen Zutaten geben.
3. Den Teig in die Form füllen. Im Backofen 40 Minuten backen. Zur Garprobe mit einem Holzstäbchen in den Kuchen stechen: Bleibt kein Teig mehr haften, ist das Bananenbrot fertig. Kurz ruhen lassen, auf ein Gitter stürzen und abkühlen lassen.

ZUBEREITUNGSZEIT: ca. 25 Min. + 40 Min. Backzeit
NÄHRWERTE PRO SCHEIBE: 287 kcal, 5,8 g EW, 17,1 g F, 29,7 g KH, 4,1 g BS

TIPP

Das Bananenbrot bleibt im Kühlschrank etwa 2 Wochen frisch, wird aber trockener. Schneiden Sie das Brot daher lieber auf und frieren Sie es ein. So können Sie einzelne Scheiben nach Bedarf auftauen oder toasten.

OVERNIGHT-FLADEN

ZUTATEN FÜR 4 FLADEN
250 g Dinkelmehl (Type 1050 oder Vollkorn)
Salz
1 TL Trockenhefe
200 ml Buttermilch
2 EL Rapsöl
ZUBEREITUNGSZEIT: ca. 30 Min. + 10 Std. Gehzeit
NÄHRWERTE PRO FLADEN:
278 kcal, 9,34 g EW, 6,38 g F, 44,0 g KH, 3,3 g BS

Langsames Gehen des Hefe-Buttermilch-Teiges macht das Brot besser verträglich. Nach 6–8 Stunden Lagerung entwickelt der Fladen resistente Stärken, die für die Darmbakterien förderlich sind. Morgens ist das Brot dann blitzschnell in der Pfanne gebacken.

1 Mehl mit Salz und Hefe mischen, die Buttermilch und das Öl hinzufügen und gut durchkneten. Wenn nötig, noch etwas Wasser zugeben. In eine große Box mit Deckel packen und über Nacht in den Kühlschrank stellen.

2 Am nächsten Morgen sollte der Teig sein Volumen verdoppelt haben. In 4 Portionen teilen und etwa 1 cm dünn ausrollen. Nach Bedarf noch etwas Mehl dazugeben. Bei niedriger Hitze in eine beschichtete Pfanne ohne Fett geben. Sobald der Fladen aufgeht, diesen wenden und fertig backen.

3 Die frischen Fladen mit pikantem oder süßem Brotaufstrich bestreichen und nach Geschmack mit frischem Obst oder rohem Gemüse wie Tomaten, Gurke oder Raspelmöhren belegen. Oder einfach zu Käse essen.

TIPP

Perfekt für die Lunchbox und getoastet wie frisch gebacken. Eignet sich auch toll fürs Überbacken mit Gemüsewürfeln und Reibekäse.

VARIANTEN

Gut für den Darm: 100 g geriebene Pastinaken oder Möhren und etwas Fenchel vor dem Backen unter den Teig kneten.
Hält länger vor: 100 g gehackte Walnüsse unterkneten.
Wenn es süßer sein soll: 100 g Raspelapfel, 2–3 gehackte Datteln und Zimt zugeben.

SAUERTEIG-TOPFBROT

Sauerteig ist fermentiert und deshalb besonders gut bekömmlich. Vor allem, wenn er 24 Stunden Zeit hat zu gehen. Pastinaken sorgen für Inulin, Haferflocken für Glucagon. Beides wird von den Darmbakterien verstoffwechselt. Dieses Brot bleibt lange saftig.

ZUTATEN FÜR 1 TOPF VON 24–26 CM Ø (CA. 14 SCHEIBEN)

250 g Pastinaken
1 TL Anis (oder Fenchel)
250 g Roggenvollkornmehl
250 g Weizenvollkornmehl
1 TL Trockenhefe
10 g Salz
2 TL Zimtpulver
1 Pck. Fertigsauerteig (ca. 75 g)
30 g Haferflocken

ZUBEREITUNGSZEIT:
ca. 40 Min. + 11 Std. Gehzeit + 45 Min. Backzeit

NÄHRWERTE PRO SCHEIBE CA.: 146 kcal, 4,7 g EW, 1,1 g F, 31,7 g KH, 5,3 g BS

1 Die Pastinaken waschen, schälen und klein schneiden. In 200 ml Wasser etwa 20 Minuten weich kochen. Anis anstoßen und mit ¼ l kochendem Wasser überbrühen, 10 Minuten ziehen lassen, absieben.
2 Die Mehlsorten mit Hefe, Salz und Zimt vermischen. Die Pastinaken mit dem Pürierstab pürieren, den Sauerteig unterrühren und dann zum Mehlmix geben. Anistee und so viel Wasser zugeben, dass ein formbarer Teig entsteht (so wie ein fester Rührteig). In eine Schüssel füllen, zudecken und in den Kühlschrank stellen. Über Nacht gehen lassen.
3 Nach mindestes 10 Stunden durchkneten. Die Schüssel einfetten und mit Haferflocken ausstreuen, den Teig hineingeben und in ein warmes Wasserbad stellen. Etwa 1 Stunde gehen lassen, bis er sein Volumen deutlich vergrößert hat.
4 Einen ofenfesten Topf (4 ½ l) im Backofen bei 230 Grad erhitzen. Den Teig auf ein Stück Backpapier stürzen. Das Papier an den vier Enden fassen und in den heißen Topf setzen. Deckel auflegen und 30 Minuten backen. Dann den Deckel abnehmen und offen in 15 Minuten fertig backen. Auf ein Gitter stürzen und ausdampfen lassen.

TIPP

Wenn Sie Ihren eigenen Sauerteig ansetzen, können Sie ihn immer weiter verwenden. Wie das gemacht wird, steht auf Seite 68–69. Gut zu wissen: Je weicher der Teig, desto saftiger. Ist er zu flüssig, wird das Brot klitschig. Fester Teig wird als Brot feinporiger und trockener. Das Brot gelingt auch in einer normalen Kastenform - wird aber nicht ganz so saftig und knusprig.

VARIANTEN

Statt Pastinaken eignen sich Pellkartoffeln. Saaten oder Kerne machen sich ebenfalls gut im Brot: 100 g davon über Nacht in Wasser einweichen und abgetropft unter den Teig mischen.

KARTOFFEL-KÄSE

ZUTATEN FÜR 10 PORTIONEN
200 g mehligkochende Kartoffeln
4 getrocknete Tomaten (ca. 50 g)
40 g geröstete Erdnüsse
3–4 EL vom Tomatenöl
Salz, Chiliflocken

ZUBEREITUNGSZEIT: ca. 10 Min.
NÄHRWERTE PRO PORTION:
71 kcal, 1,6 g EW, 5,4 g F, 4,3 g KH, 0,5 g BS

Kartoffeln, die abgekühlt sind, bilden resistente Stärken: Darmfutter pur. Sie sind ein echtes Magenpflaster. Die Erdnüsse liefern darmfreundliche Ballaststoffe. Die Tomaten sorgen für das würzige Aroma.

1 Die Kartoffeln waschen und in wenig Wasser garen. Inzwischen die Tomaten mit den Erdnüssen im Blitzhacker pürieren.
2 Kartoffeln pellen und fein zerstampfen, dabei den Tomaten-Erdnuss-Mix zugeben. Das Öl und etwa 100 ml Wasser dazugeben, sodass eine cremige Konsistenz entsteht, mit Salz und Chili abschmecken. In ein Schraubglas füllen und im Kühlschrank lagern. Ist bis zu 1 Woche haltbar.

TIPP
Kartoffeln nie pürieren, sie werden kleistrig.

LINSEN-HUMMUS

ZUTATEN FÜR 10 PORTIONEN
1 Knoblauchzehe
2 Frühlingszwiebeln
100 g rote Linsen
Salz, Pfeffer
1 TL Kurkuma
1 Handvoll grüne Kräuter wie Petersilie oder Koriander
3 EL Tahin (50 g)
1–2 TL Zitronensaft

ZUBEREITUNGSZEIT: ca. 30 Min.
NÄHRWERTE PRO PORTION:
71 kcal, 3,5 g EW, 2,6 g F, 9,1 g KH, 1,7 g BS

Linsen fördern mit ihren Ballaststoffen die Darmtätigkeit. Das gilt ebenso für Knoblauch und Zwiebeln. Kurkuma beruhigt den Darm und wirkt entzündungshemmend.

1 Knoblauch abziehen. Zwiebeln waschen und putzen. Die weißen Enden abschneiden, das Grün in feine Röllchen schneiden. Knoblauch, weiße Zwiebelenden und Linsen mit 200 ml Wasser, Salz, etwas Pfeffer und Kurkuma in einem kleinen Topf zugedeckt etwa 15 Minuten leicht kochen lassen, bis alles weich ist.
2 Inzwischen die Kräuter waschen und samt Stiel grob hacken. Mit dem abgekühlten Linsenmix und dem Tahin im Blitzhacker fein pürieren. Zwiebelröllchen zugeben, mit Zitronensaft abschmecken, in ein Schraubglas füllen und kalt stellen. Ist bis zu 1 Woche haltbar.

TIPP
Schneller geht es mit bereits gekochten Kichererbsen aus dem Glas.

ZITRONIGE CASHEWCREME MIT BLAUBEEREN

Blaubeeren unterstützen den Darm durch ihre Ballaststoffe. Sie sind außerdem sehr reich an Anthocyanen, die antioxidativ wirken und Entzündungen im Darm entgegenwirken können.

1 Cashews in einer Pfanne ohne Öl rösten, bis sie braune Stellen bekommen. Mit 180 ml Wasser ablöschen.
2 Zitronenschale abreiben, die Zitrone auspressen. Beides mit den Cashews im Blitzhacker nach und nach sehr fein mixen. Nach Bedarf etwas heißes Wasser zugeben.
3 Blaubeeren und Honig untermischen, kalt stellen. Bleibt 3 Tage frisch.

ZUTATEN FÜR 10 PORTIONEN
120 g Cashewkerne
1 Zitrone
100 g Blaubeeren
1–2 TL Honig

ZUBEREITUNGSZEIT: ca. 15 Min.
NÄHRWERTE PRO PORTION:
81 kcal, 2,6 g EW, 5,8 g F, 4,9 g KH, 1,0 g BS

TIPP
Die Creme passt auf Brot, Cracker oder in Müsli und Porridge.

SCHOKO-NUSS-STREICH

Datteln süßen auf darmfreundliche Art. Sie helfen, das Darmgift Zucker zu sparen, und wirken durch ihre löslichen Ballaststoffe prebiotisch. Bohnen und Nüsse sorgen zusätzlich für Ballaststoffe.

1 Walnusskerne in einer Pfanne ohne Fett anrösten, bis sie duften. Bohnen in ein Sieb abgießen.
2 Abgetropfte Bohnen mit Walnusskernen, Rapsöl, Datteln, Kakaopulver, Vanille und Zimt mit dem Stabmixer pürieren. So viel Wasser zugeben, bis eine cremige Konsistenz entsteht.
3 In ein sauberes Schraubglas füllen und im Kühlschrank bis zu 4 Tage aufbewahren.

ZUTATEN FÜR 10 PORTIONEN
50 g Walnusskerne
100 g Kidneybohnen (Dose)
2 EL Raps- oder Nussöl
50 g weiche Datteln
1 EL Kakaopulver
1 Msp. Vanillepulver
1 Prise Zimt

ZUBEREITUNGSZEIT: ca. 15 Min.
NÄHRWERTE PRO PORTION:
87 kcal, 2,1 g EW, 5,8 g F, 7,8 g KH, 2,0 g BS

TIPP
Wer gleich eine ganze Dose Kidneybohnen (225 g) verarbeiten will, verdoppelt auch die übrigen Zutaten und friert die Hälfte ein.

VEGGIE-TOASTS

ZUTATEN FÜR JE 1 PORTION
1 Scheibe Brot, Salz und Pfeffer

FÜR DEN EI-TOAST
1 EL Rotisseursenf
3 EL Schnittlauchröllchen
1 EL geschroteter Leinsamen
1 TL Öl
1 Ei

FÜR DEN CAPRESE-TOAST
1–2 EL Tomatenmark
4 Mini-Mozzarella (35 g)
2–3 Stiele Basilikum
1 TL Kapern
1 TL Olivenöl

FÜR DEN AVOCADO-TOAST
½ Avocado
4–5 Kirschtomaten
1 Frühlingszwiebel

FÜR DEN ARTISCHOCKEN-TOAST
1 EL Pesto
3–4 Stiele Rucola
2 Artischockenherzen (Konserve)
1 EL geröstete Kürbiskerne

ZUBEREITUNGSZEIT:
jeweils ca. 8 Min.

NÄHRWERTE EI-TOAST:
247 kcal, 13,6 g EW, 10,1 g F, 28,5 g KH, 6,2 g BS

NÄHRWERTE CAPRESE-TOAST:
257 kcal, 10,4 g EW, 13,1 g F, 26,4 g KH, 4,3 g BS

NÄHRWERTE AVOCADO-TOAST: 271 kcal, 6,1 g EW, 13,4 g F, 36,3 g KH, 9,2 g BS

NÄHRWERTE ARTISCHOCKEN-TOAST: 241 kcal, 9,8 g EW, 10,7 g F, 30,9 g KH, 9,1 g BS

Brot entwickelt beim Einfrieren und wieder Aufbacken resistente Stärken und wird bekömmlicher. Also am besten frisches Brot 1 Tag liegen lassen, dann aufschneiden und einfrieren. Die folgenden Veggie-Beläge sind allesamt darmfreundlich.

1. Eine tiefgefrorene Brotscheibe unaufgetaut toasten.
2. Für den Ei-Toast die Brotscheibe mit Senf bestreichen und mit der Hälfte des Schnittlauchs bestreuen. In einer beschichteten Pfanne Leinsamen mit Öl erhitzen und das Ei darüberschlagen. Salzen und pfeffern und knusprig braten, mit Schnittlauch bestreuen. Auf den Toast legen.
3. Für den Caprese-Toast die Brotscheibe mit Tomatenmark bestreichen. Mozzarellakugeln halbieren, Basilikum abzupfen, beides auf dem Toast verteilen. Mit Kapern bestreuen, würzen und mit Olivenöl beträufeln.
4. Für den Avocado-Toast Avocadofleisch aus der Schale heben, auf dem Toast verteilen. Tomaten halbieren, Frühlingszwiebel in Röllchen schneiden, beides auf dem Toast verteilen und würzen.
5. Für den Artischocken-Toast den Toast mit Pesto bestreichen. Rucola hacken. Die Artischockenherzen in Spalten schneiden, beides auf dem Toast verteilen. Mit gehackten Kürbiskernen toppen.

TIPP

Vollkorntoast passt natürlich auch – er liefert ebenfalls resistente Stärke. Darauf achten, dass außer Vollkornmehl, Salz und Ascorbinsäure keine weiteren Zutaten enthalten sind.

GRÜNES SHAKSHUKA

Die Zwiebelgewächse Lauch, Zwiebel und Knoblauch enthalten reichlich Inulin, ein Ballaststoff, der auf die Darmbakterien als Prebiotikum wirkt. Spinat punktet mit Eisen und Folsäure, welche die Darmgesundheit ebenfalls fördern. Sellerie hat antioxidative Wirkung, und Erbsen liefern jede Menge Ballaststoffe.

ZUTATEN FÜR 4 PORTIONEN

1 Zwiebel
1 Knoblauchzehe
1 Lauchstange (ca. 200 g)
1 grüne Peperoni
150 g Staudensellerie
400 g Spinat
150 g TK-Erbsen
4 EL Olivenöl
Salz, Pfeffer
1 TL gemahlener Kreuzkümmel
4 Eier
100 g Ziegenfrischkäse
1 Handvoll frische Petersilie

ZUBEREITUNGSZEIT: ca. 30 Min.
NÄHRWERTE PRO PORTION:
319 kcal, 16,7 g EW, 19,6 g F, 21,8 g KH, 7,1 g BS

1 Zwiebel und Knoblauch schälen und fein würfeln. Den Lauch putzen und gründlich waschen, in 1 ½ cm breite Ringe schneiden. Die Peperoni waschen, von den Kernen befreien und in feine Ringe schneiden. Selleriestangen vom Strunk lösen, Fäden entfernen und die Stangen in 1 cm große Stücke schneiden. Spinat waschen, die Stiele abzupfen, große Blätter in Streifen schneiden. Erbsen aus dem Eisfach nehmen.

2 Das Olivenöl in der Pfanne erhitzen. Zwiebeln und Knoblauch hinzugeben und andünsten. Lauch und Sellerie zugeben, mit Salz, Pfeffer und Kreuzkümmel würzen, zugedeckt bei mittlerer Hitze etwa 8 Minuten garen. Dann die Erbsen und den Spinat zugeben und zusammenfallen lassen.

3 4 Mulden in das Gemüse drücken und Eier in die Mulden geben, salzen und pfeffern. Etwa 5 Minuten auf niedriger Stufe köcheln lassen. Den Käse zerkrümeln und auf dem Shakshuka verteilen. Mit gehackter Petersilie bestreut servieren.

TIPP

Um Anbrennen zu vermeiden, das Gemüse nach dem Andünsten aus der Pfanne nehmen. Die Pfanne mit Backpapier auslegen und das Gemüse wieder darauf verteilen, dann fertig garen. Auf keinen Fall den Deckel auflegen – die Eigelbe werden sonst »blind«.

BUNTER GRAUPENSALAT

ZUTATEN FÜR 4 PORTIONEN
1 Bio-Zitrone
150 g Gerstoni-Graupen
Salz
500 g kleine Zucchini
5 EL Olivenöl
1–2 EL Apfelessig
Pfeffer
150 g TK-Erbsen
50 g Rucola
200 g Erdbeeren
1 EL Senf

ZUBEREITUNGSZEIT: ca. 30 Min.
NÄHRWERTE PRO PORTION:
334 kcal, 9,8 g EW, 14,0 g F, 43,9 g KH, 6,4 g BS

Gerste ist reich an Glucanen. Besonders wirkungsvoll als Prebiotika sind Beta-Glucane in der Gerstoni-Gerste. In diesem Rezept werden sie bestens ergänzt durch ballaststoffreiche Erbsen. Die säuerlichen Erdbeeren steuern viel Vitamin C und Folsäure bei – beides wirkt antioxidativ und unterstützt den Darm.

1 Die Zitrone heiß abwaschen, die Schale abreiben, die Zitrone auspressen. Die Graupen mit der Zitronenschale, der Hälfte Saft, 1 TL Salz und 350 ml Wasser aufkochen. Deckel auflegen und zugedeckt bei kleiner Hitze etwa 10 Minuten kochen, dann abschalten und 15 Minuten quellen lassen. Offen abkühlen.

2 Inzwischen die Zucchini waschen, die Enden abschneiden, die Zucchini je nach Größe längs halbieren oder vierteln und in 1 cm dicke Scheiben schneiden. In einer Pfanne mit 2 EL Öl unter Rühren kräftig anbraten, mit dem Essig ablöschen, salzen, pfeffern und in eine Schüssel zum Abkühlen geben. Unaufgetaute Erbsen untermischen.

3 Rucola und Erdbeeren waschen. Rucola klein schneiden, die Beeren putzen und je nach Größe halbieren oder vierteln.

4 Senf mit dem übrigen Öl und dem Zitronensaft zum Dressing rühren. Graupenmix mit dem Dressing mischen und abschmecken, in der Schüssel anrichten.

TIPP

Der Salat eignet sich perfekt für die Lunchbox. Dann vor dem Essen einen Schuss Mineralwasser zugeben und nachwürzen.

VARIANTEN

Haben Erdbeeren keine Saison, Himbeeren oder Orangenstückchen verwenden. Wer kein Gerstoni bekommt, nimmt Perlgraupen. Der Salat schmeckt auch mit Risotto- oder Milchreis, der aber viel weniger prebiotische Ballaststoffe hat. Deshalb Reis am besten über Nacht ruhen lassen – dabei entwickeln sich die resistenten Stärken.

KARTOFFEL-LAUCH-SALAT

Kartoffeln vom Vortag sind durch ihre resistenten Stärken top für die Darmmikrobiota. Wenn dann noch das Inulin des Lauchs dazukommt, tut das dem Darm doppelt gut. Der Sauerkrautsaft enthält Milchsäure – wenn er nicht pasteurisiert ist, sogar probiotisch aktive Bakterien.

ZUTATEN FÜR 4 PORTIONEN

2 Lauchstangen (geputzt ca. 400 g)
einige Zweige Thymian
5 EL Olivenöl
Salz
200 ml Sauerkrautsaft
1 Bund Schnittlauch
800 g Pellkartoffeln vom Vortag
Pfeffer

ZUBEREITUNGSZEIT: ca. 25 Min.
NÄHRWERTE PRO PORTION:
282 kcal, 5,7 g EW, 13,0 g F, 37,1 g KH, 4,2 g BS

1. Den Lauch putzen, gründlich waschen und zuerst längs in schmale Streifen schneiden, dann quer in Würfel. Thymianblättchen von den Stielen streifen. 2 EL Olivenöl erhitzen, den Lauch darin etwa 3–5 Minuten braten, dabei Thymian und Salz zugeben. Eventuell etwas Sauerkrautsaft zufügen.
2. Den Schnittlauch waschen, trocken schütteln und in Röllchen schneiden. Die Kartoffeln pellen und in Scheiben schneiden.
3. Den Sauerkrautsaft mit dem übrigen Öl, Salz und Pfeffer mischen, mit Kartoffeln, Lauchwürfeln und Schnittlauchröllchen vermengen, salzen und pfeffern.

INFO

Roher Sauerkrautsaft enthält probiotische Bakterien und hilft beim Aufbau einer guten Darmmikrobiota. Dazu rohes Sauerkraut wenn nötig mit etwas Wasser versetzen und nach 24 Stunden absieben. Rohes Kraut gibt es in der Kühltheke im Handel. Wie man es selbst macht, ist auf Seite 62 am Beispiel von Kimchi erklärt. Pasteurisierter Sauerkrautsaft enthält dagegen nur noch die Milchsäure selbst und wirkt nicht mehr probiotisch, tut dem Darm aber trotzdem gut.

TIPP

Mit Matjesfilets, gegrilltem Lachs oder hart gekochten Eiern wird's eine Hauptmahlzeit.

KÜRBISSALAT MIT RUCOLA UND GETROCKNETEN TOMATEN

ZUTATEN FÜR 4 PORTIONEN

800 g Hokkaido-Kürbis
2 EL Oliven- oder Tomatenöl
Salz, Pfeffer
2 Zweige Thymian
125 g Rucola
7–8 getrocknete Tomaten
4 EL Apfelessig
100 g Feta
geröstete Kürbiskerne und Balsamicocreme für die Garnitur

ZUBEREITUNGSZEIT: ca. 35 Min.
NÄHRWERTE PRO PORTION:
201 kcal, 7,03 g EW, 12,6 g F, 16,3 g KH, 3,6 g BS

Kürbis mit seinen Ballaststoffen wirkt prebiotisch. Die getrockneten Tomaten sind mit ihrem würzigen »Umami«-Aroma ein darmfreundlicher Ersatz für Schinkenwürfel. Obendrein liefern sie jede Menge zellschützendes Lycopin, ein Carotinoid. Rucola mit seinen Bitterstoffen und Thymian sind wahre »Darmtröster«.

1. Den Backofen auf 180 Grad vorheizen. Kürbis waschen, Kerne und Fasern entfernen und das Fruchtfleisch erst in Spalten und dann in Würfel schneiden. In einer Schüssel mit Öl, Salz, Pfeffer und Thymian mischen und auf einem mit Backpapier belegten Backblech verteilen. Im Ofen (Mitte) etwa 20 Minuten garen.
2. Den Rucola waschen, Tomaten abtropfen und fein hacken. Lauwarme Kürbiswürfel, Tomaten und Rucola mischen und mit Essig, Salz und Pfeffer würzen.
3. Feta darüberzupfen und nach Belieben mit gerösteten Kürbiskernen und Balsamicocreme toppen.

TIPP

Dieser Salat bleibt 2–3 Tage im Kühlschrank frisch und ist deshalb auch gut für die Lunchbox geeignet. Er lässt sich auch mit Kopfsalat strecken – dann schmeckt er noch frischer.

VARIANTEN

Außerhalb der Kürbissaison den Salat mit 500 g Pellkartoffeln und 1 Dose Kichererbsen oder weißen Bohnen (Einwaage ca. 240 g) zubereiten. Statt Rucola passt auch Babyspinat oder Löwenzahn.

KARTOFFEL-GEMÜSE-SALAT MIT JOGHURT

Die resistente Kartoffelstärke wird durch die inulinreichen Artischocken bestens ergänzt. Deren Bitterstoffe unterstützen zudem die Verdauung. Bohnen sorgen für Ballaststoffe. Gut, wenn der Joghurt probiotisch ist!

ZUTATEN FÜR 4 PORTIONEN

400 g grüne Bohnen
1 Zwiebel
4 EL Rapsöl
Salz, Pfeffer
1 Knoblauchzehe
1 Bund Bohnenkraut
600 g Pellkartoffeln vom Vortag
1 kleine Dose Artischockenherzen (Abtropfgewicht 240 g)
150 g Naturjoghurt (3,5 % Fett)

ZUBEREITUNGSZEIT: ca. 40 Min.
NÄHRWERTE PRO PORTION:
295 kcal, 8,4 g EW, 11,8 g F, 44,5 g KH, 11,0 g BS

1 Die Bohnen waschen, die Enden abknipsen und die Bohnen in der Mitte teilen. Die Zwiebel schälen und klein hacken. In 2 EL Öl kurz anbraten, Bohnen zugeben, salzen und pfeffern und etwa 15 Minuten zugedeckt gar schmoren. Knoblauch schälen und hacken, das Bohnenkraut waschen, die Blättchen abstreifen und hacken. Beides unter die Bohnen mischen und abkühlen lassen.
2 Inzwischen die Kartoffeln pellen und in Scheiben, dann in Würfel schneiden. Die Artischocken abtropfen lassen und blättrig schneiden. Den Sud aufheben.
3 4–5 EL Artischockensud mit Joghurt und restlichem Öl verrühren. Mit Salz und Pfeffer würzen, mit Kartoffeln, Bohnen und Artischocken mischen und sofort auftischen.

INFO

Bohnenkraut wirkt durch seine ätherischen Öle wie Thymol und Carvacrol gegen Blähungen und regt die Verdauung an. Deshalb wird es oft mit Hülsenfrüchten kombiniert, um diese leichter verdaulich zu machen. Am besten Bohnenkraut im Garten anpflanzen und frisch ernten. Alternativ getrocknet verwenden.

TIPP

Dazu passen Merguez oder Nürnberger Bratwürstchen, nach Wunsch auch vegetarisch/vegan. Wenn der Salat länger steht, einfach mit Artischockensud oder Zitronensaft und etwas Salz und Pfeffer auffrischen.

Rotkohlsalat mit Granatapfel und Walnüssen

ZUTATEN FÜR 4 PORTIONEN

400 g Rotkohl (am Stück)
2 kleine rote Zwiebeln
60 g gehackte Walnüsse
1–2 Granatäpfel
4 EL Öl
Salz, Pfeffer
2 EL Rotweinessig
Pimentpulver
150 g Naturjoghurt
2 EL gehackter Dill oder Fenchelgrün

ZUBEREITUNGSZEIT: ca. 25 Min.
NÄHRWERTE PRO PORTION:
213 kcal, 4,17 g EW, 15,6 g F, 15,4 g KH, 3,48 g BS

Roher Rotkohl, rote Zwiebeln und Granatapfelkerne enthalten besonders viele Ballaststoffe, die teilweise die Darmbakterien aufbauen. Durch das enthaltene Vitamin C und Flavonoide wirken alle drei antioxidativ. Ihre Anthocyane, die für die blaurote Farbe verantwortlich sind, hemmen Entzündungen.

1. Vom Rotkohl nur die äußeren Blätter entfernen, den Kohl waschen und bis auf den Strunk mit dem Gemüsehobel in feine Streifen schneiden. Die Zwiebeln schälen und in feine Würfel schneiden.
2. Die Walnüsse in einer Pfanne ohne Fett anrösten, bis sie duften, abkühlen lassen. Die Granatäpfel aufbrechen und die Kerne herausdrücken.
3. Die Kerne zusammen mit Öl sowie etwas Salz und Pfeffer unter die Rotkohlstreifen ziehen. Mit Rotweinessig und 1 Prise Piment abschmecken. Zwiebeln untermischen. Den Salat mit den Walnüssen bestreuen.
4. Den Joghurt mit etwas Salz, Piment und Dill cremig rühren und dazu reichen.

TIPP

Rotkohlsalat bleibt lange knackig und ist deshalb perfekt für die Lunchbox geeignet. Wer empfindlich auf rohen Kohl reagiert, kann ihn im Wok kurz braten und abkühlen lassen.

VARIANTEN

Milder wird der Salat mit Spitzkohl. Mit etwas Feta und Brot oder Graupen aufgepeppt, eignet sich dieser Salat auch super als Hauptgericht. Außerhalb der Granatapfelsaison auf rote Johannisbeeren, Ananas- oder Orangenstückchen zurückgreifen.

ARTISCHOCKEN ZUM DIPPEN

Artischocken sind mit ihrem Inulin und mit ihren Bitterstoffen ein Darm-Superfood. Ich liebe sie pur – und finde diese Mahlzeit nicht nur besonders köstlich, sondern auch entspannend. Man zupft Blatt für Blatt aus der Blüte, taucht sie in den Dip und streift das Artischockenfleisch am unteren Ende mit den Zähnen ab. Am Ende hebt man mit Messer und Gabel das Gras vom Boden und genießt den Boden mit Dip. Ich gare die Stiele auch mit und esse sie mit dem Boden. Sie sind besonders bitter. Der Dip mit Kichererbsenmehl, Joghurt und Brennnesseln fördert die guten Darmbakterien ebenfalls.

ZUTATEN FÜR 4 PORTIONEN

4 große Artischocken
1 Bio-Zitrone
einige Zweige Thymian
Salz
100 g reife Aprikosen
1 Zwiebel
3 EL Rapsöl
50 g Kichererbsenmehl
1 Handvoll Brennnesselspitzen oder Petersilie (40 g)
50 g Mandeln
300 g Naturjoghurt
Kreuzkümmel
Chiliflocken

ZUBEREITUNGSZEIT:

ca. 1 ¼ Std. im Dämpfer,
35 Min. im Schnellkochtopf

NÄHRWERTE PRO PORTION:

319 kcal, 13,0 g EW, 18,2 g F,
30,6 g KH, 19,3 g BS

1 Artischocken und Zitrone waschen. Zitrone in dünne Scheiben schneiden und halbieren, mit dem Thymian zwischen die Artischockenblätter stecken, die Blüten salzen, Stiele unter der Blüte abschneiden. Im Dämpfer oder im Kochtopf, der nur 1 Handbreit mit Wasser gefüllt ist, mindestens 1 Stunde garen, bis sich ein Blatt leicht aus der Blüte ziehen lässt. Alternativ im Schnellkochtopf etwa 20 Minuten bei Stufe 1 garen.

2 Inzwischen den Dip zubereiten: Aprikosen waschen und in Spalten schneiden. Zwiebel schälen und fein hacken, im Öl glasig dünsten. Aprikosen zugeben und etwa 10 Minuten zugedeckt schmoren, bis sie weich sind. Dann Kichererbsenmehl zugeben, einmal aufkochen und abkühlen lassen.

3 Die Kräuter waschen und mit den Mandeln im Blitzhacker fein pürieren. Nach und nach den Aprikosenmix zugeben, bis alles püriert ist. Dann löffelweise unter den Joghurt ziehen und mit den Gewürzen kräftig abschmecken. Quellen lassen, bis die Artischocken gar sind. Diese schmecken übrigens auch kalt perfekt.

TIPP

Schneller geht es, eine Guacamole aus 2 Avocados, 1 Bund Basilikum, Zitronensaft, Salz und Pfeffer zu pürieren und mit Joghurt zu mischen. Joghurt nicht mit pürieren, sonst wird der Dip zu dünn.

MARINIERTE CHAMPIGNONS

ZUTATEN FÜR 4 PORTIONEN

800 g Champignons (eher klein)
3 Zwiebeln (100 g)
4 Knoblauchzehen
2 Zitronen
4–5 Zweige Thymian
2 Lorbeerblätter
einige Körner Piment und Pfeffer
Salz
4 EL Olivenöl

ZUBEREITUNGSZEIT: ca. 30 Min.
NÄHRWERTE PRO PORTION:
156 kcal, 7,29 g EW, 10,7 g F, 8,17 g KH, 4,02 g BS

Champignons können die Darmflora so verändern, dass mehr kurzkettige Fettsäuren (Propionat, Succinat) gebildet werden. Die wiederum brauchen die Zellen der Darmschleimhaut. Schon beim Verzehr von 100 g Champignons täglich zeigten sich diese positiven Effekte. Zwiebeln ergänzen die Wirkung durch ihr Inulin.

1. Die Champignons mit Küchenpapier säubern, die Schnittflächen nachschneiden, größere Pilze halbieren oder vierteln. Zwiebeln und Knoblauch schälen, Zwiebeln halbieren und in Halbringe schneiden, Knoblauch in Scheiben.
2. Zitronensaft auspressen und mit derselben Menge Wasser auffüllen – das ergibt etwa 200–300 ml Flüssigkeit. Gewürze und 1–2 TL Salz zufügen und alles zum Kochen bringen. So viel Pilze zugeben, dass sie knapp mit Sud bedeckt sind, und aufkochen. Nach 2 Minuten mit dem Schaumlöffel herausheben und die nächste Partie Pilze zufügen. Dabei ergibt sich immer mehr Sud.
3. Wenn die letzte Pilzportion aus dem Sud genommen wurde, Zwiebeln und Knoblauch zufügen und etwa 5 Minuten kochen, bis sie knapp gar sind. Dann alle Pilze und Olivenöl zugeben, aufkochen und in Weckgläser füllen. Verschließen, abkühlen lassen und im Kühlschrank aufbewahren. Die marinierten Pilze bleiben mindestens 1 Woche frisch und werden immer aromatischer!

TIPP

Der Sud lässt sich für Dressings verwenden - oder für die nächste Pilzportion. Dann noch den Saft von 1 Zitrone zugeben. Die eingelegten Champignons sind eine tolle Ergänzung zu Blattsalaten, zu einer kalten Brotmahlzeit oder zu Kurzgebratenem.

EINGELEGTE BALSAMICO-ZWIEBELN

Zwiebeln sind durch Fructane und Inulin perfekt für die Darmmikrobiota, und der Essig macht sie leichter verdaulich. Thymian wirkt antibakteriell, und Dattelsirup ist für die Darmbakterien gesünder als Zucker.

1 Die Zwiebeln schälen. Im Olivenöl in einem Topf anbraten, bis sie bräunen. Dann mit 100 ml Wasser ablöschen.

2 Den Essig und alle übrigen Zutaten zufügen, aufkochen und zugedeckt etwa 10 Minuten leicht kochen lassen. Die Zwiebeln sollten gar sein, aber noch Biss haben.

3 2 saubere Twist-off-Gläser à 300 ml mit kochendem Wasser ausspülen. Die Zwiebeln nochmals aufkochen. Dann auf die Gläser verteilen und mit dem Sud samt Gewürzen bedecken. Verschließen, auf den Kopf stellen und abkühlen lassen.

4 Die Balsamico-Zwiebeln kühl und dunkel (muss nicht der Kühlschrank sein) mindestens 3 Tage ziehen lassen. Je länger, desto intensiver der Geschmack.

ZUTATEN FÜR 4 PORTIONEN
500 g kleine Zwiebeln oder Schalotten
2 EL Olivenöl
¼ l Balsamicoessig
2–3 Zweige Thymian
1 Lorbeerblatt
einige Pfefferkörner
50 g Dattelsirup
1 TL Salz

ZUBEREITUNGSZEIT: ca. 25 Min.
NÄHRWERTE PRO PORTION:
182 kcal, 1,6 g EW, 5,4 g F, 30,4 g KH, 2,2 g BS

TIPP

Den Sud durchsieben und als Balsamicocreme für Dressings – vor allem für Tomatensalat – und zur Würze verwenden. Sie können aber darin noch eine zweite Partie Schalotten zubereiten. Die Balsamico-Zwiebeln sind köstlich zu reifem Käse oder zu Pastete und solo ein leckerer Brotbelag.

VARIANTE

Den Dattelsirup durch Honig oder Agavensirup austauschen.

LACHS-INGWER-TATAR MIT STAUDENSELLERIE

ZUTATEN FÜR 4 PORTIONEN
250 g frisches Lachsfilet
1 Limette oder Zitrone
Salz
ca. 300 g Staudensellerie
1 rote Zwiebel
1 Stück Ingwer (ca. 5 cm)

ZUBEREITUNGSZEIT: ca. 25 Min.
NÄHRWERTE PRO PORTION:
145 kcal, 13,7 g EW, 7,4 g F, 5,9 g KH, 2,5 g BS

Lachs punktet mit Omega-3-Fettsäuren und Eiweiß. Da beide hitzeempfindlich sind, wird das Filet schonend kalt gegart – nur mit Säure aus Zitronensaft. Eine tolle Ergänzung ist Ingwer, der die Darmmikrobiota unterstützt. Eine genauso positive Wirkung hat auch Staudensellerie mit seinem Bioaktivstoff Apiin, seinen Flavonoiden und Tannin, ergänzt durch Inulin aus den Zwiebeln.

1 Die Haut vom Lachsfilet lösen. Das Lachsfleisch in feine Scheiben, dann quer dazu in Würfel schneiden. Die Limette waschen, die Schale abreiben, dann die Limette halbieren und auspressen. Saft, Schale und etwas Salz mit dem Lachs vermischen. Im Kühlschrank ziehen lassen.

2 Den Sellerie waschen. Etwa 15 cm vom breiten Ende abschneiden, vorhandene Fäden abziehen. Die übrigen dünnen Enden mit dem Gemüsehobel in hauchdünne Scheiben hobeln. Die Zwiebel schälen, halbieren und fein würfeln. Den Ingwer schälen und fein hacken.

3 Selleriescheiben, Zwiebeln und Ingwer unter das Lachstatar ziehen, mit Salz und Pfeffer abschmecken. Diesen Mix in die breiten Unterteile der Selleriestangen füllen und auftischen.

TIPP

Lachstatar wird mit Pellkartoffeln, Brot oder einem vegetarischen Gericht wie Tortilla (Rezept S. 117) oder Wurzelgratin (Rezept S. 145) zur Hauptmahlzeit. Es bleibt im Kühlschrank bis zu 3 Tage frisch.

HAFERGALETTE MIT CASHEWCREME UND TOMATEN

Dank Beta-Glucanen ist Hafer neben Gerste die beste Wahl für eine gesunde Darmmikrobiota. Auch Chiasamen tun durch ihre Ballaststoffe und Omega-3-Fettsäuren dem Darm gut. Vorausgesetzt, sie werden gut gekaut! Cashews und Erbsen liefern zusätzlich gute Ballaststoffe und sorgen für Eiweiß.

ZUTATEN FÜR 4 PORTIONEN

100 g Cashewkerne
100 g Erbsen
Salz
230 g Haferflocken
2 Eier
40 g Chiasamen
4 EL Olivenöl
1 Bund Basilikum
400 g Kirschtomaten

ZUBEREITUNGSZEIT: 8 Std. Einweichzeit + ca. 40 Min.

NÄHRWERTE PRO PORTION: 589 kcal, 21,1 g EW, 31,9 g F, 63,2 g KH, 12,6 g BS

1. Die Cashewkerne 8 Stunden in Wasser einweichen. Dann abgießen und abspülen. Die Erbsen auftauen lassen. Beides mit 50 ml Wasser und etwas Salz im Blitzhacker sehr fein pürieren.
2. Für die Galette Haferflocken in der Küchenmaschine sehr fein mahlen. Die Eier mit den Chiasamen, 3 EL Öl und 50 ml Wasser mischen, kurz eindicken lassen und unter das Hafermehl arbeiten. Der Teig sollte immer noch etwas bröselig sein.
3. Den Teig zur Kugel drücken und zwischen zwei Bögen Backpapier zu einem dünnen, unregelmäßigen Fladen von etwa 25 × 38 cm ausrollen. Das Backpapier auf ein Backblech setzen und das obere Papier abnehmen. Im heißen Backofen bei 190 Grad etwa 12 Minuten backen. Völlig auskühlen lassen, erst dann vom Blech nehmen.
4. Inzwischen das Basilikum waschen und hacken. Die Tomaten waschen und je nach Größe halbieren oder vierteln. Mit 1 EL Öl, Salz, Pfeffer und dem Basilikum mischen.
5. Die Cashew-Erbsen-Creme auf der Galette verstreichen, die Tomaten darauf verteilen und ihren Saft darüberträufeln. Nach Wunsch noch etwas Öl zugeben.

TIPP

Galettestücke sind perfekt für die Lunchbox: Gekühlt und dicht verpackt bleiben sie lange frisch. Schneller geht die Zubereitung mit fertigem Cashewmus: 100 g mit 4–5 EL heißem Wasser cremig rühren.

VARIANTEN

Die Galette schmeckt auch mit Guacamole anstelle der Cashewcreme, hat dann aber weniger Eiweiß. Statt Tomaten passen auch gebratene Zucchinischeiben, eingelegte Champignons, jede Art von Ofengemüse, Rucola oder Kapern.

GEFÜLLTE ANTIPASTI-WAFFELN

ZUTATEN FÜR 4 PORTIONEN (CA. 7 WAFFELN)

250 g Kichererbsenmehl
1 TL Backpulver
Salz
2 Eier
2–3 EL gehackte Rosmarinnadeln
6 EL Öl
300 ml Mineralwasser
400 g Zucchini
Pfeffer
6 mittelgroße Tomaten (ca. 300 g)
1 Handvoll Basilikum
250 g Mozzarella
2–3 EL Balsamicocreme

ZUBEREITUNGSZEIT: ca. 35 Min.
NÄHRWERTE PRO PORTION:
548 kcal, 27,9 g EW, 33,8 g F, 20,1 g KH, 12,7 g BS

Das eiweiß- und ballaststoffreiche Kichererbsenmehl macht die Waffeln zu einem darmfreundlichen Sattmacher. Die Gemüsefüllung ist gut verträglich und bringt Saftigkeit. Waffeln und Füllung lassen sich auch getrennt servieren – und jeder setzt bei Tisch seine Waffeln selbst zusammen.

1. Für den Waffelteig Kichererbsenmehl mit Backpulver und Salz mischen. Die Eier verquirlen und mit Rosmarin, 2 EL Öl und Mineralwasser zu einem dicklichen Teig verrühren.
2. Das Gemüse waschen. Die Zucchinienden abschneiden, Zucchini längs in etwa ½ cm dünne Scheiben schneiden. In 2–3 EL Olivenöl wenden, salzen und pfeffern. Auf einem beschichteten Blech unter den Backofengrill schieben und von beiden Seiten einige Minuten grillen, bis sie bräunen.
3. Die Tomaten in fingerdicke Scheiben schneiden. Basilikum klein zupfen. Mozzarella in dünne Scheiben schneiden, abtropfen lassen.
4. Das Waffeleisen aufheizen, mit etwas Öl einpinseln und portionsweise etwa 7 Waffeln backen. Jede in Herzchen teilen. Ein Herz mit Zucchini belegen, Basilikum und Mozzarella daraufsetzen, salzen und pfeffern. Mit Tomate, etwas Balsamicocreme und zweitem Herz toppen, mit Holzspieß fixieren.

TIPP

Die Zucchini können auch auf einer Grillplatte oder in einer Pfanne gebraten werden.

VARIANTEN

Die Zucchini durch anderes Grillgemüse wie Kürbis, Champignons oder Fenchel ersetzen. Artischockenherzen eignen sich ebenfalls gut. Statt Balsamico Pesto ausprobieren.

TORTILLA MIT ZWEIERLEI BOHNEN

Dieser spanische Kartoffelkuchen ist reich an Kalium, er macht satt und ist eine hochwertige Kombi aus Eiweiß und Kohlenhydraten, die den Magen wenig belastet. Die Tortilla lässt sich gut vorkochen, dann enthält sie besonders viel darmfreundliche resistente Stärken. Bohnen sorgen für reichlich Ballaststoffe.

ZUTATEN FÜR 4 PORTIONEN

300 g grüne Bohnen
600 g festkochende Kartoffeln
5 Zweige Bohnenkraut
1 Zwiebel
1 Knoblauchzehe
6 EL Olivenöl
Salz
130 g rote Bohnen (Konserve)
6 Eier
Pfeffer

ZUBEREITUNGSZEIT: ca. 50 Min.

NÄHRWERTE PRO PORTION:
419 kcal, 18,0 g EW, 23,8 g F, 37,7 g KH, 6,1 g BS

1 Bohnen, Kartoffeln und Bohnenkraut waschen. Bohnenenden abknipsen, Fäden dabei abziehen. Bohnen in 2–3 cm große Stücke brechen. Kartoffeln schälen, vierteln und in dünne Scheiben schneiden. Zwiebel und Knoblauch schälen. Zwiebel in kleine Streifen, Knoblauch in kleine Würfel schneiden.

2 Bohnen mit 2 EL Olivenöl in einer beschichteten Pfanne mit Deckel (24 cm ø) etwa 5 Minuten anbraten und dabei salzen. Kartoffeln und 1 EL Öl zugeben und etwas salzen. Langsam zugedeckt garen und häufig wenden. Nach etwa 5 Minuten Zwiebeln, Knoblauch und 1 EL Öl zugeben und weitere 5 Minuten zugedeckt dünsten. Das Gemüse sollte nicht braun werden. Aus der Pfanne nehmen und abkühlen lassen. Rote Bohnen abspülen und abtropfen lassen, zugeben.

3 Die Bohnenkrautblätter vom Stiel streifen und mit den aufgeschlagenen Eiern in eine Schüssel geben. Mit Salz und Pfeffer kräftig würzen und verrühren. Den abgekühlten Gemüsemix unterziehen.

4 Restliches Olivenöl in der Pfanne erhitzen und die Masse in die Pfanne geben. Gut festdrücken und mit Deckel bei kleiner Hitze stocken lassen. Nach 10–12 Minuten am besten mit einem Kuchenheber die Tortilla wenden und weitere 5 Minuten zugedeckt braten. In der Pfanne abkühlen lassen, dann stürzen und in Tortenstücke schneiden. Die Tortilla bleibt im Kühlschrank 2–3 Tage frisch und schmeckt auch kalt.

TIPP

Einen Dip dazu reichen, zum Beispiel 3–4 EL Ajvar mit 200 g Schmand vermischt und mit Salz abgeschmeckt.

WUNDER-WRAPS

ZUTATEN FÜR 4 PORTIONEN (8 FLADEN)
350 g Kichererbsenmehl
5 EL geschrotete Leinsamen
Salz
3 hart gekochte Eier
1 EL Senf
50 g gemischte Kräuter
100 g Kräuterfrischkäse
150 g saure Sahne
200 g Kirschtomaten
100 g Babyspinat
150 g Champignons
2 EL Öl

ZUBEREITUNGSZEIT: ca. 30 Min.
NÄHRWERTE PRO PORTION:
590 kcal, 32,2 g EW, 32,0 g F, 26,1 g KH, 19,9 g BS

Kichererbsen und Leinsamen ergänzen sich mit ihren unterschiedlichen Ballaststoffen ausgezeichnet in ihrer Wirkung auf die Mikrobiota. Das rohe Gemüse erweitert die Ballaststoffzufuhr. Ei und Milchprodukte liefern leicht verdauliches Eiweiß.

1 Kichererbsenmehl, Leinsamen, Salz und 550 ml Wasser in einer Schüssel vermischen. Den Teig andicken lassen.
2 Inzwischen für die Füllung die Eier pellen, mit Senf, Kräutern und Frischkäse fein pürieren, dann die saure Sahne untermischen. Tomaten und Spinat waschen, Pilze säubern und mit den Tomaten in Scheiben schneiden.
3 In einer großen Pfanne etwas Öl erhitzen. ⅛ des Teiges kreisförmig in die Pfanne gießen, nach etwa 2 Minuten wenden und die andere Seite braten. Mit dem Rest des Teiges genauso verfahren.
4 Zum Füllen jeden Fladen mit der grünen Soße bestreichen und mit dem Gemüse belegen, eng zusammenrollen und in der Mitte halbieren.

TIPP

Entweder die Wraps fertig gerollt in Frischhaltefolie gepackt im Kühlschrank für die Lunchbox lagern. Oder als gemeinsame Mahlzeit bei Tisch füllen und genießen.

VARIANTEN

Die Wraps mit dem füllen, was gerade da ist: Statt grüner Soße schmeckt auch Ajvar mit Hüttenkäse, Kräuterquark oder Avocadocreme. Dazu etwas Knackiges wie Salat, Frühlingszwiebeln, Kohlstreifen, Rettich oder Raspelmöhren und nach Belieben Kimchi, Sauerkraut oder Balsamico-Zwiebeln.

ZWIEBELKUCHEN

Zwiebeln und Knoblauch sind durch Inulin und Fructane Kraftfutter für die guten Bakterien im Darm. Hafer mit seinem Glucan und das Vollkornmehl mit seinen Ballaststoffen streicheln ebenfalls die Mikrobiota. Statt Räucherschinken, den der Darm nicht mag, sorgen getrocknete Tomaten für Aroma und jede Menge zellschützendes Lycopin. Champignons steuern noch mehr Ballaststoffe bei, Nüsse gesundes Fett.

ZUTATEN FÜR 1 BACKBLECH (6 PORTIONEN)
100 g feine Haferflocken
220 g Weizenvollkornmehl
1 Pck. Trockenhefe
800 g Zwiebeln
2 Knoblauchzehen
100 g Champignons
einige Zweige Rosmarin
60 g getrocknete Tomaten
6 EL Rapsöl
Salz, Pfeffer
3 Eier
200 g saure Sahne (10 % Fett)
80 g Walnusshälften

ZUBEREITUNGSZEIT: ca. 30 Min. + 50 Min. Backzeit
NÄHRWERTE PRO PORTION:
489 kcal, 15,8 g EW, 27,4 g F, 49,3 g KH, 9,13 g BS

1. Die Haferflocken im Blitzhacker fein mahlen und mit dem Mehl und der Trockenhefe mischen. Etwa 270 ml lauwarmes Wasser zugeben und mit dem Knethaken zu einem elastischen Teig verkneten. Zugedeckt im Warmen ruhen lassen.
2. Inzwischen die Zwiebeln und den Knoblauch schälen. Zwiebeln halbieren und in dünne Scheiben schneiden, Knoblauch hacken. Die Pilze mit Küchenpapier säubern. Die Stiele herausdrehen und hacken, die Hütchen in dünne Scheiben schneiden. Rosmarinnadeln von den Zweigen streifen. Getrocknete Tomaten fein hacken.
3. Die Zwiebeln mit Knoblauch und den Pilzstielen nach und nach in einer großen Pfanne in 4 EL Öl andünsten, bis sie zusammengefallen und glasig sind. Abkühlen lassen, Tomatenstückchen und Rosmarinnadeln unterziehen, salzen und pfeffern.
4. Wenn der Teig etwas gegangen ist, 1 TL Salz und 2 EL Öl unterarbeiten. Ein Backblech mit Backpapier auslegen. Den Teig ausrollen und das Blech damit auslegen.
5. Die Eier mit der sauren Sahne verquirlen, kräftig salzen und pfeffern. Mit den vorgedünsteten Zutaten vermischen und alles auf dem Blech verteilen. Dann erst Nüsse und Pilze darauf verteilen. Bei 180 Grad etwa 50 Minuten goldgelb backen.

TIPP

Zwiebelkuchen ist perfekt zum Mitnehmen, bleibt etwa 3 Tage frisch, schmeckt warm und kalt. Er lässt sich auch gut in Stücken einfrieren und dann auftauen oder aufbacken.

VARIANTE

Den Zwiebelkuchen mit Kirschtomaten statt Champignons variieren.

KRÄUTERSUPPE MIT KICHERERBSEN-SCHAUM

ZUTATEN FÜR 4 PORTIONEN

3 Frühlingszwiebeln
1 Bund Kräuter (Sauerampfer, Basilikum etc.)
1 Bund Petersilie
2–3 EL Rapsöl
1 Dose Kichererbsen (Abtropfgewicht 265 g)
½ Bio-Zitrone
Salz, Pfeffer
2 EL Schmand (24 % Fett)

ZUBEREITUNGSZEIT: ca. 25 Min.
NÄHRWERTE PRO PORTION:
233 kcal, 8,4 g EW, 14,4 g F, 19,8 g KH, 4,2 g BS

Hülsenfrüchte liefern jede Menge Ballaststoffe und Eiweiß: ideal für einen ausgeglichenen Blutzuckerspiegel. Der Sud der Kichererbsen, auch Aquafaba genannt, enthält nach längerem Lagern in der Konserve so viel Eiweiß, dass er sich wie Eischnee aufschlagen lässt. Das macht die Suppe ohne zusätzliche Fettzugabe schaumig.

1 Frühlingszwiebeln waschen, putzen und in dünne Ringe schneiden. Kräuter und Petersilie waschen. Die Stiele abtrennen, fein hacken und im Rapsöl mit den Frühlingszwiebeln glasig dünsten. Die Kichererbsen abgießen, Sud auffangen und die Kichererbsen dazugeben. 250 ml Wasser angießen und zugedeckt einige Minuten garen.
2 Inzwischen die Zitrone waschen, die Schale oberflächlich abreiben und den Saft auspressen. Den Kichererbsensud – Aquafaba – zu Schnee schlagen.
3 Etwas von den Kräuterblättern beiseitelegen. Die übrigen grob hacken und mit Zitronensaft und -abrieb, Salz und Pfeffer zu den Kichererbsen geben. Mit dem Pürierstab fein pürieren, dabei Schmand zugeben.
4 Die Suppe kurz erhitzen – nicht mehr kochen lassen. Den Schnee unterziehen, abschmecken und mit den Kräutern anrichten.

INFO

Beim Garen von Hülsenfrüchten wie Kichererbsen, Bohnen und Linsen gehen nicht nur Eiweiß, sondern auch andere Substanzen ins Garwasser über. Im Falle unverdaulicher Kohlenhydrate dienen sie den Darmbakterien als Nahrung – das ist gut, kann allerdings zu Blähungen führen. Auch Phytate wandern ins Garwasser – sie verschlechtern die Verfügbarkeit von Mineralstoffen. Daher sollte jeder für sich entscheiden, ob er den Sud entfernt oder mit verwertet.

TIPP

Mit Aquafaba lassen sich viele tolle Gerichte veganisieren. Der Eischnee-Ersatz eignet sich beispielsweise hervorragend für Mousse, Pfannkuchen oder Quiches. Daher: möglichst immer aufbewahren!

MILDE ZWIEBELSUPPE

Zwiebeln sind durch Fructane und Inulin Balsam für den Darm – vor allem, wenn sie so mild gegart werden. Ergänzt durch Eiweiß und Milchzucker aus der Milch, geben sie der Mikrobiota eine Menge Nahrung. Altbackenes, geröstetes Brot mit seiner resistenten Stärke und der fermentierte Gorgonzola unterstützen das.

ZUTATEN FÜR 4 PORTIONEN

500 g Gemüsezwiebeln
2 Knoblauchzehen
6 EL Olivenöl
3 EL Hafermehl
Salz, Pfeffer
geriebene Muskatnuss
150 g milder Gorgonzola
250 ml Vollmilch
2–3 Zweige Thymian
4 Scheiben Brot

ZUBEREITUNGSZEIT: ca. 45 Min.
NÄHRWERTE PRO PORTION:
479 kcal, 15,5 g EW, 30,3 g F, 39,5 g KH, 6,43 g BS

1. Die Zwiebeln schälen, halbieren und in Scheiben schneiden. Knoblauch abziehen und grob hacken. Beides in 3 EL Olivenöl bei kleiner Hitze etwa 15 Minuten zugedeckt dünsten. Die Zwiebeln sollten nicht braun werden. Wenn sie beginnen anzusetzen, mit Hafermehl bestäuben und dann mit 300 ml Wasser angießen. Mit Salz, Pfeffer und Muskat würzen und in etwa 20 Minuten butterweich garen.
2. Den Gorgonzola in Stückchen schneiden und zu den Zwiebeln geben. Mit dem Pürierstab fein pürieren, dabei nach und nach die Milch angießen, bis die Suppe eine leichte und cremige Konsistenz hat. Abschmecken und mit Thymianblättchen bestreuen.
3. Die Brotscheiben in kleine Würfel schneiden und im übrigen Öl rundherum knusprig rösten. Als Topping zur Suppe reichen.

VARIANTEN

Ziegenkäse oder Feta sind gute Alternativen zum Gorgonzola. Anstelle der Gemüsezwiebeln passt auch Lauch. Statt Brot kann man etwa 500 g Kartoffeln mitkochen. Das schmeckt im Sommer auch kalt!

WURZEL-INGWER-SUPPE

ZUTATEN FÜR 4 PORTIONEN

2 Zwiebeln
400 g Möhren
400 g Pastinaken
1 Stück Ingwer (ca. 4 cm)
2 Knoblauchzehen
1 Bio-Limette
4 EL Rapsöl
Salz, Pfeffer
1–2 TL Kreuzkümmel
2 TL Majoranblättchen
60 g ganze Mandeln

ZUBEREITUNGSZEIT: ca. 25 Min.
NÄHRWERTE PRO PORTION:
275 kcal, 5,6 EW, 18,6 F, 24,9 KH, 6,5 BS

Wurzelgemüse, insbesondere ballaststoffreiche Varianten wie Pastinaken und Karotten, enthalten Prebiotika. Diese tun dem Darm gut und fördern die Darmflora. Ingwer und Kräuter unterstützen die Verdauung und wirken gegen Blähungen. Mandeln mit ihren Ballaststoffen sättigen und beschleunigen die Darmpassage.

1. Zwiebeln schälen, Möhren und Pastinaken putzen und alles in Würfel schneiden. Ingwer und Knoblauch schälen. Limette heiß waschen, Schale abreiben, Limette auspressen.
2. Öl in einem großen Topf erhitzen und die Gemüsewürfel 2 Minuten darin anschwitzen. 600 ml Wasser zufügen und kurz aufkochen.
3. Ingwer und Knoblauch mit einer Knoblauchpresse in das Gemüse drücken. Die Suppe etwa 8 Minuten kochen lassen. Wenn das Gemüse weich ist, alles mit einem Pürierstab zerkleinern. Limettensaft und etwa 300 ml Wasser hinzugeben, bis die gewünschte Konsistenz erreicht ist. Mit Salz, Pfeffer, Kreuzkümmel und Majoran würzen.
4. Mandeln grob hacken und in einer kleinen Pfanne ohne Fett anrösten. Zur Suppe reichen.

TIPP

Wenn die Suppe richtig satt machen soll, am besten Brot dazu reichen.

VARIANTEN

Möhren und Pastinaken lassen sich jeweils durch Hokkaido-Kürbis, Süßkartoffeln und Rote Bete austauschen. Das schmeckt natürlich jedes Mal anders – ruhig auch mit Gewürzen und Kräutern experimentieren.

HAFERRISOTTO ORANGE

Hafer enthält ähnlich wie Gerste Glucane, welche die Darmbakterien verstoffwechseln können. Außerdem ist er ein schnell garendes, weiches Getreide. Warum nicht als Risotto zubereiten? Ballaststoffreiche Möhren ergänzen den Mix, Rucola steuert Bitterstoffe bei, Parmesan und Frischkäse sind fermentiert und sorgen darüber hinaus für Eiweiß und Fett.

ZUTATEN FÜR 4 PORTIONEN

1 Zwiebel
500 g Möhren
2 EL Butter
2 EL Rapsöl
250 g Haferkörner
Salz, Pfeffer
1–2 TL Currypulver
1 Bio-Orange
150–200 g Doppelrahm- oder Ziegenfrischkäse
100 g Rucola
50 g geriebener Parmesan

ZUBEREITUNGSZEIT: ca. 45 Min.
NÄHRWERTE PRO PORTION:
483 kcal, 16,0 g EW, 22,7 g F, 58,5 g KH, 10,6 g BS

1. Die Zwiebel schälen, halbieren und in Würfel schneiden. Möhren waschen, wenn nötig schälen und in 3 mm dünne Scheiben schneiden. Beides in der Butter und dem Rapsöl andünsten. Dann den Hafer und die Gewürze zugeben und mitbraten. Mit ½ Liter Wasser angießen und aufkochen. Bei mittlerer Hitze zugedeckt etwa 30 Minuten garen.
2. Die Orange waschen, Schale oberflächlich abreiben, Saft auspressen und beides mit dem Frischkäse mischen. Den Rucola waschen und mundgerecht zerteilen.
3. Wenn Hafer und Möhren gar sind, den Frischkäsemix unterziehen. Eventuell noch etwas heißes Wasser zugeben, abschmecken und den Rucola unterziehen. Mit dem Parmesan bestreut servieren.

INFO

Hafer als Korn gibt es vorwiegend in Bioläden. Er muss nicht vorgegart sein - bleibt aber dann körniger.

TIPP

Aus übrigem Haferrisotto lassen sich wunderbar Puffer braten: Den ausgekühlten Brei mit einem Ei vermischen, kleine Puffer formen und in einer Pfanne mit etwas Öl von beiden Seiten knusprig ausbacken.

VARIANTEN

Das Risotto gelingt auch mit Graupen oder mit Risottoreis. Die Möhren auch mal durch Kürbis oder Rote Bete ersetzen - dann statt der Orange lieber eine Zitrone verwenden.

KOKOS-LINSENTOPF MIT LACHS UND GALGANT

ZUTATEN FÜR 4 PORTIONEN

1 Stück Ingwer (3–4 cm)
1 Knoblauchzehe
200 g rote Linsen
1 TL gemahlener Galgant
1 Kardamomkapsel
3 Kaffir-Limettenblätter
Salz
1 Bio-Limette
250 g Lachsfilet
1 Bund Frühlingszwiebeln
400 g Pak Choi
3 EL Raps- oder Sesamöl
0,2 l Kokosmilch
200 g Vollkorn-Basmatireis vom Vortag

ZUBEREITUNGSZEIT: ca. 30 Min.
NÄHRWERTE PRO PORTION:
545 kcal, 27,9 g EW, 15,6 g F, 77,1 g KH, 8,9 BS

Linsen als Hülsenfrüchte tun dem Darm durch ihre Ballaststoffe gut. Unterstützt wird das durch Gewürze wie Ingwer, Galgant, Kardamom und Knoblauch. Basmati vom Vortag enthält resistente Stärken und Lachs darmgesunde Omega-3-Fettsäuren.

1. Ingwer und Knoblauch schälen und hacken. Linsen waschen, mit Ingwer, Knoblauch, Galgant, aufgedrücktem Kardamom, Limettenblättern und 1 TL Salz in 0,3 l Wasser aufkochen und zugedeckt etwa 10 Minuten quellen lassen.
2. Inzwischen die Limettenschale abreiben, die Frucht halbieren und auspressen. Lachs in 2 cm große Würfel schneiden. Mit Limettensaft und -schale mischen und salzen.
3. Das Gemüse waschen und putzen. Frühlingszwiebeln schräg in 2 cm breite Streifen schneiden, die weißen Enden fein hacken. Blätter des Pak Choi von den Rippen schneiden. Blätter grob hacken, Rippen quer in feine Streifen schneiden. Im Öl unter Rühren etwa 5 Minuten braten.
4. Kokosmilch und Lachs zu den Linsen geben und kurz erhitzen. Dann das Gemüse und den Reis unterziehen. Schmeckt warm und kalt.

VARIANTEN

Veggies nehmen nicht Lachs, sondern am besten Sesam-Tofu. Die Garzeit bleibt die gleiche. Statt Pak Choi passt auch Chinakohl.

MÖHRENSPAGHETTI MIT KÄSERAHM

Haferspaghetti sind meine erste Wahl für den Magen, doch nicht einfach zu bekommen. Ersatzweise einfach Vollkornspaghetti nehmen – egal ob Weizen oder Dinkel. Wohltuend sind Karotten durch ihren hohen Pektingehalt – Futter für die guten Bakterien. Erdnüsse enthalten wie alle Hülsenfrüchte viele Ballaststoffe, dazu reichlich Magnesium und die Vitamine B_1 und B_3. Käse steht als fermentiertes Milchprodukt ebenfalls auf der Liste der »Darmpfleger«.

ZUTATEN FÜR 4 PORTIONEN

1 Bund Möhren (ca. 700 g)
1 Zwiebel
2 EL Rapsöl
Salz, Pfeffer
1 EL Currypulver
200 g Haferspaghetti (oder Vollkorn-)
60 g Erdnüsse
150 ml süße Sahne
100 g Reibekäse

ZUBEREITUNGSZEIT: ca. 25 Min.
NÄHRWERTE PRO PORTION:
582 kcal, 18,6 g EW, 34,6 g F, 50,9 g KH, 9,7 g BS

1. Die Möhren waschen, wenn nötig schälen und mit dem Spiralschneider in Spaghetti drehen. Alternativ in dünne Scheiben hobeln – am besten mit der Küchenmaschine. Die Zwiebel abziehen und fein hacken. In einer tiefen Pfanne Zwiebel und Möhrenspaghetti mit 1 EL Öl andünsten, mit Salz, Pfeffer und Curry würzen und zugedeckt etwa 10 Minuten garen.
2. Inzwischen die Spaghetti nach Packungsanweisung etwa 8 Minuten in kochendem Wasser garen, abtropfen lassen und etwas vom Nudelwasser aufheben. Die Erdnüsse grob hacken und in der Pfanne rösten.
3. Die Möhren mit der Sahne ablöschen und den Käse darin schmelzen lassen, etwas einkochen. Dann die Spaghetti zugeben und so viel Nudelwasser, dass das Gericht schön cremig ist. Mit Erdnüssen bestreut anrichten.

TIPP

Am gesündesten sind Erdnüsse in der Schale geröstet. Die ist zwar nicht essbar - aber das feine braune Häutchen um die Kerne mit seinen wertvollen Bioaktivstoffen bleibt erhalten: unbedingt mitessen!

VARIANTE

Das Gericht mit Zucchini und mit Cashew- statt Erdnüssen variieren.

GRAUPENRISOTTO MIT GRÜNEM SPARGEL

ZUTATEN FÜR 4 PORTIONEN

1 Lauchstange (ca. 200 g)
300 g Gerstoni-Graupen
3 EL Olivenöl
500 g grüner Spargel
Salz
½ Bio-Zitrone
½ Bund Basilikum
75 g Parmesan, die Hälfte gerieben
3 EL Butter
Pfeffer
etwas Muskatnuss

ZUBEREITUNGSZEIT: ca. 30 Min.
NÄHRWERTE PRO PORTION:
488 kcal, 17,0 g EW, 19,9 g F, 62,3 g KH, 5,55 g BS

Spargel enthält Prebiotika wie Inulin. Diese Stoffe dienen als wertvolles Futter für gute Darmbakterien, wodurch sich diese vermehren. Die Beta-Glucane in den Graupen sind ebenfalls gesunde Nahrung für die Darmmikrobiota, so wie die Fructane im Lauch. Parmesan ist fermentiert und deshalb gut verträglich – und sorgt mit Eiweiß und Fett für eine längere Sättigung.

1. Den Lauch putzen, gründlich waschen und in dünne Ringe schneiden. Mit den Graupen in einem Topf im Olivenöl anschwitzen.
2. Den Spargel waschen, im unteren Drittel schälen und die Enden nachschneiden. Spargelspitzen abtrennen und den Rest in 2–3 cm große Stücke schneiden. Spargelspitzen beiseitelegen, den Rest zum Graupen-Lauch-Mix in den Topf geben und kurz mitbraten.
3. Den Mix mit etwa 600 ml Wasser ablöschen, salzen, 5 Minuten aufkochen und 10–12 Minuten zugedeckt ohne Hitzezufuhr quellen lassen.
4. Zitrone und Basilikum waschen, die Zitronenschale abreiben und die Basilikumblätter in Streifen schneiden. Sobald die Graupen gar sind, Zitronenabrieb, Basilikum, geriebenen Parmesan und Butter darunterziehen. Mit Salz, Pfeffer und Muskat abschmecken. Die Spargelspitzen auf dem Graupenrisotto anrichten. Mit dem übrigen Parmesan zum Selberreiben zu Tisch geben.

TIPP

Um zu testen, ob das Risotto gar ist: Etwas davon auf den Kochlöffel nehmen und senkrecht über den Topf halten. Wenn es sich nur langsam vom Kochlöffel löst, ist die Konsistenz ideal.

VARIANTE

Mit weißem Spargel schmeckt das Risotto ebenfalls ausgezeichnet. Dann aber die gesamte Stange schälen.

SAUERKRAUT-EINTOPF MEDITERRAN

Bitterstoffe in den Artischocken, Milchsäure und Ballaststoffe im Sauerkraut, Ballaststoffe und Milcheiweiß in Linsen liefern die perfekte Kost für die gesunden Darmbakterien. Die Tomaten sind überdies reich an Lycopin. Ein apartes und blitzschnelles Rezept!

1. Die Zwiebeln schälen, halbieren und in Würfel schneiden. Knoblauch abziehen und mit den getrockneten Tomaten grob hacken. Selleriestangen waschen, die Fäden abziehen, die Stangen in ½ cm dicke Scheiben schneiden. Alles im Öl andünsten, bis die Zwiebeln zu bräunen beginnen.
2. Die Linsen und 400 ml Wasser zugeben, salzen und pfeffern. Zugedeckt etwa 12 Minuten köcheln lassen.
3. Inzwischen das Basilikum waschen, mit Stielen im Blitzhacker pürieren, dabei 1–2 EL Schmand zugeben. Den übrigen Schmand unterziehen. Die Artischocken abtropfen lassen, den Sud aufheben und die Herzen vierteln. Das Sauerkraut hacken.
4. Sauerkraut und Artischocken unter das Gemüse ziehen und heiß werden lassen. Mit dem Basilikumschmand auftischen und zu Brot servieren.

ZUTATEN FÜR 4 PORTIONEN
2 Zwiebeln
1 Knoblauchzehe
50 g getrocknete Tomaten in Öl
2–3 Stängel Staudensellerie
4 EL Rapsöl (oder Tomatenöl)
150 g rote Linsen
Salz, Pfeffer
1 Bund Basilikum
200 g Schmand
240 g Artischockenherzen (400 ml Konserve)
500 g Sauerkraut
4 Scheiben Brot

ZUBEREITUNGSZEIT: ca. 25 Min.
NÄHRWERTE PRO PORTION:
548 kcal, 18,3 g EW, 27,5 g F, 65,2 g KH, 18,3 g BS

TIPP

Der zart säuerliche Artischockensud ist reich an Geschmack und Nährstoffen. Deswegen aufheben und für Salatdressings und zum Abschmecken von Suppen, Eintöpfen oder Risotto verwenden.

VARIANTEN

Für eine noch sättigendere Variante etwa 200 g Buchweizen mitgaren. Die Artischocken lassen sich durch kleine, in Streifen gehobelte Zucchini ersetzen, das macht den Eintopf milder.

LAUCHSPAGHETTI MIT HUMMUS

ZUTATEN FÜR 4 PORTIONEN
2–3 Lauchstangen (600 g)
300 g Vollkornspaghetti
Salz
1 Bund Basilikum oder Liebstöckel
½ Bio-Zitrone
130 g Kichererbsen (1 kl. Dose mit 185 g)
50 g Tahin
5 EL Olivenöl
Pfeffer
gemahlener Kreuzkümmel

ZUBEREITUNGSZEIT: ca. 20 Min.
NÄHRWERTE PRO PORTION:
515 kcal, 15,4 g EW, 21,8 g F, 64,5 g KH, 10,1 g BS

Lauch tut dem Darm gut. Er enthält Prebiotika und feuert so die Bildung der guten Darmbakterien an. Mit dem selbst gemachten Hummus eine mustergültige Kombination für die Darmgesundheit. Wer Haferspaghetti verwendet, verstärkt den prebiotischen Effekt. Tahin und Kichererbsen im Hummus sorgen für Sättigung.

1. Den Lauch putzen, längs aufschlitzen und unter fließendem Wasser gründlich waschen. Der Länge nach in ungefähr 1 cm breite Streifen schneiden. Nudeln mit Lauch etwa 10 Minuten in kochendem Salzwasser garen, anschließend abseihen, 1 Tasse Wasser auffangen.
2. In der Zwischenzeit das Basilikum waschen. Die Zitronenschale abreiben, die Zitrone auspressen. Basilikum mit Stielen, Kichererbsen, Tahin, Zitronensaft und -schale mit dem Olivenöl im Blitzhacker fein pürieren. Wenn nötig, etwas Kichererbsensud oder Nudelwasser zugeben. Mit Salz und den Gewürzen abschmecken.
3. Die heißen Nudeln mit dem Hummus im Topf kurz erhitzen, etwas Nudelwasser zufügen und auftischen.

TIPP

Das Nudelwasser enthält Stärke der Nudeln und Inhaltsstoffe des Lauchs, daher möglichst aufheben! Wenn die Nudeln kurz stehen und kleben, hilft ein Schuss heißes Nudelwasser, und sie schlängeln sich wieder.

VARIANTE

Das Rezept klappt auch mit Zucchini statt Lauch – mit dem Spiralschneider gedreht.

ROTE BETE MIT SESAMKARTOFFELN UND ZIEGENFRISCHKÄSE

Rote Bete enthält darmfreundliches Pektin und entzündungshemmende Betalaine. Selbst ihr Nitrat scheint nach neuesten Forschungen dem Darm gutzutun, weil dessen Abbauprodukt die Darmdurchblutung fördert. Das Inulin der Zwiebeln und die resistente Stärke der Kartoffeln machen dieses Gericht zum Bakterien-Booster.

ZUTATEN FÜR 4 PORTIONEN

600 g Rote Bete
400 g Zwiebeln
6 EL Olivenöl
Salz, Pfeffer
1 grüne Kardamomkapsel
100 ml naturtrüber Apfelsaft
1 kg Pellkartoffeln vom Vortag
50 g Sesamsamen
3–4 Zweige Thymian
½ Bio-Zitrone
150 g Ziegenfrischkäse

ZUBEREITUNGSZEIT: ca. 40 Min.

NÄHRWERTE PRO PORTION:
563 kcal, 14,1 g EW, 26,7 g F, 69,1 g KH, 9,4 g BS

1. Die Roten Beten waschen, schälen und erst halbieren, dann in fingerbreite Spalten schneiden. Die Zwiebeln schälen, halbieren und in lange Streifen schneiden. Beides mit 3 EL Öl, Salz und Pfeffer in einer feuerfesten großen Form (24 × 30 cm) mischen. Kardamomkapsel darüber zerdrücken und die Samen verteilen. Bei 200 Grad im Backofen etwa 30 Minuten backen, bis die Beten gar sind. Nach 20 Minuten den Apfelsaft zugeben und wenden.
2. Inzwischen die Kartoffeln pellen, in Scheiben schneiden und mit dem übrigen Öl in einer großen Pfanne knusprig braten, dabei salzen. Gegen Ende Hitze reduzieren und die Sesamsamen dazugeben.
3. Thymian waschen und die Blättchen von den Stielen streifen. Zitronenschale abreiben und den Saft auspressen. Thymian, Zitronenschale und die Hälfte Zitronensaft mit dem Frischkäse cremig rühren, salzen und pfeffern und bei Bedarf mit etwas Wasser verdünnen.
4. Rote Bete und die geschmorten Zwiebeln mit dem übrigen Zitronensaft abschmecken, mit Sesamkartoffeln und Frischkäse auftischen.

INFO

Bei Bund-Beten die Stiele in Röllchen schneiden und mitgaren. Die Blätter grob hacken und für die letzten 5 Minuten unter die Ofen-Beten mischen.

TIPP

Den Frischkäse mit einem Eiskugelportionierer zu kleinen Kugeln formen.

HÜHNERBRUST IN TOMATEN-KÜRBIS-GEMÜSE

ZUTATEN FÜR 4 PORTIONEN
2 Zwiebeln
300 g Tomaten
500 g Hokkaido-Kürbis
400 g Hühnerbrust
Salz, Pfeffer
3 EL Öl
100 ml süße Sahne
1 Handvoll Salbeiblätter
½ TL Fenchelsamen

ZUBEREITUNGSZEIT: ca. 45 Min.
NÄHRWERTE PRO PORTION:
307 kcal, 27,0 g EW, 17,0 g F, 13,1 g KH, 3,7 g BS

Der milde Kürbis enthält reichlich Pektin, Zwiebeln Inulin und Fructane. Salbei wirkt durch seine ätherischen Öle entzündungshemmend und bildet mit seinen Gerbstoffen eine schützende Schicht über der Darmschleimhaut. Fenchelsamen wirken gegen Blähungen. Das Eiweiß der Hühnerbrust tut der Darmmikrobiota nachweislich gut.

1. Die Zwiebeln schälen, halbieren und in schmale Streifen schneiden. Tomaten und Kürbis waschen, Tomaten in schmale Spalten schneiden, dabei den Stielansatz entfernen. Kürbis in etwa 1 ½ cm große Würfel schneiden.
2. Die Hühnerbrust in 4 gleiche Teile schneiden, salzen und pfeffern. In einem ofenfesten Schmortopf im Öl rundherum scharf anbraten, herausnehmen.
3. Die Zwiebeln in den Schmortopf geben und anbraten, bis sie bräunen. Dann mit 100 ml Wasser und der Sahne ablöschen. Kürbis und Tomaten zufügen, würzen und aufkochen. Vom Herd nehmen.
4. Den Backofen auf 180 Grad vorheizen. Das Fleisch, die Salbeiblätter und Fenchel zwischen dem Gemüse verteilen. Im heißen Ofen ohne Deckel etwa 25 Minuten schmoren. Dazu passen Graupen, Hirse oder Nudeln.

VARIANTEN

Für Veggies: Die Hühnerbrust wie bei Shakshuka durch Eier ersetzen, die roh ins Gemüse geschlagen werden, und mitbacken. Oder 200 g Ofenkäse oder Feta mit dem Gemüse backen. Ist keine Kürbis-Saison, dann Zucchini mitgaren und statt frischen Tomaten eine kleine Dose gehackte Tomaten verwenden.

WURZELGRATIN

Kartoffeln, Pastinaken, Kohlrabi: Sie alle enthalten unterschiedliche Ballaststoffe, die unsere guten Darmbakterien stärken. Ergänzt durch Milchzucker und Eiweiß der Milch, geht's der Mikrobiota besonders gut. Auch Sesam und Leinsamen unterstützen sie. Wer mag, isst dazu ein Matjesfilet, Lachstatar, gebratene Hühnerbrust oder hart gekochte Eier.

ZUTATEN FÜR 4 PORTIONEN
600 g Kartoffeln
300 g Pastinaken
300 g Kohlrabi
Salz, Pfeffer
Muskatblüte
30 g Leinsamen
30 g Sesamsamen
0,5 l Vollmilch
Öl für die Form

ZUBEREITUNGSZEIT: ca. 15 Min. + 50 Min. Backzeit
NÄHRWERTE PRO PORTION:
404 kcal, 12,1 g EW, 22,2 g F, 41,7 g KH, 6,0 g BS

1. Kartoffeln und Gemüse waschen und schälen. Am besten mit der Küchenmaschine in dünne Scheiben hobeln. In einer Schüssel mit den Gewürzen, Lein- und Sesamsamen mischen. Den Backofen auf 200 Grad anheizen.
2. Eine Auflaufform (etwa 19 × 26 cm) mit Rapsöl einstreichen. Den Gemüse-Kartoffel-Mix dicht einschichten. Die Milch ebenfalls würzen und so viel zugießen, dass die Zutaten knapp bedeckt sind.
3. Das Gratin für etwa 50 Minuten in den heißen Ofen schieben und goldgelb backen. Mit grünem Salat und einer kleinen eiweißreichen Beilage auftischen.

TIPP

Das Wurzelgratin lässt sich toll vorbereiten! Noch sättigender wird es mit Lachstatar (Rezept S. 110) oder Matjes-Häckerle (Rezept S. 154).

VARIANTEN

Kohlrabi einfach durch Möhren, Sellerie oder Rote Bete ersetzen. Alle Knollen und Wurzeln lassen sich untereinander austauschen, ruhig experimentieren.

CHICORÉE-TOMATEN-GRATIN

ZUTATEN FÜR 4 PORTIONEN
600 g Chicorée (ca. 3 Stauden)
6 EL Olivenöl
1 Lauchstange (ca. 150 g)
800 g gehackte Tomaten
Salz, Pfeffer
Thymian
150 g milder Gorgonzola

ZUBEREITUNGSZEIT: ca. 45 Min.
NÄHRWERTE PRO PORTION:
325 kcal, 10,6 g EW, 27,3 g F, 13,4 g KH, 3,94 g BS

Bitterstoffe machen Chicorée zu einem Wintergemüse, das die Verdauung anregt und leicht ist. Er behält seine gesunde Wirkung auch beim Erhitzen, ebenso wie die Tomaten, deren Lycopin dadurch noch besser verfügbar wird. Chicorée ist außerdem sehr reich an Inulin, das als Prebiotikum wirkt.

1. Den Chicorée waschen, von welken Blättern befreien und nach Größe längs halbieren oder vierteln. Die Chicoréehälften in 4 EL Öl in einer Schmorpfanne rundherum scharf anbraten.
2. Den Lauch putzen, längs aufschneiden, gründlich waschen und erst in Streifen, dann quer in Würfel schneiden. Sobald der Chicorée braun wird, herausheben und im Fond den Lauch anbraten, das restliche Öl zugeben. Mit den Tomaten ablöschen, alles mit Salz, Pfeffer und Thymian würzen und mit Spritzschutz etwa 10 Minuten einkochen lassen.
3. Den Backofen auf 200 Grad vorheizen. Den Chicorée in den Tomatensugo geben. Gorgonzola in Flöckchen darüber verteilen und im Ofen etwa 20 Minuten überbacken.

TIPP

Sättigender wird das Gericht mit Kartoffeln, Nudeln oder einfach Brot als Beilage.

VARIANTEN

Wer keinen Gorgonzola mag, kann Mozzarella, roten Weichkäse oder schlichten Reibekäse verwenden. Statt Chicorée schmeckt auch Radicchio oder Chinakohl.

SCHMORSELLERIE MIT RUCOLA

Sellerie beruhigt Magen und Darm, wirkt antibakteriell und regt die Verdauung an. Verantwortlich dafür sind Flavonglykoside, das sind Bioaktivstoffe wie Apiin und Apigenin, die als verdauungsfördernd gelten. Der hohe Ballaststoffgehalt des Selleries tut sein Übriges dazu. Die enthaltenen ätherischen Öle wirken außerdem krampflösend und beruhigend. Reichlich Calcium und Magnesium tun dem Blutdruck gut.

ZUTATEN FÜR 4 PORTIONEN

1 Sellerieknolle (ca. 1,2 kg)
130 ml Olivenöl
1 EL grobes Salz
1 Bio-Zitrone
200 g Rucola, Selleriegrün oder Petersilie
100 g Walnüsse
Salz, Pfeffer

ZUBEREITUNGSZEIT:
ca. 10 Min. + 2 ½ Std. Backzeit

NÄHRWERTE PRO PORTION:
555 kcal, 8,9 g EW, 51,4 g F, 20,1 g KH, 11,6 g BS

1. Den Backofen auf 180 Grad vorheizen. Die Sellerieknolle mit einer Gemüsebürste gut säubern, dann mit 2–3 EL Olivenöl bestreichen und mit dem grobkörnigen Salz bestreuen. Für 2 ½ Stunden in den Ofen geben.
2. Die Zitrone waschen, Schale abreiben und Frucht auspressen. Rucola waschen und bis auf 1 Handvoll im Blitzhacker mit den Nüssen, Salz, Pfeffer, Zitronensaft und -schale und dem übrigen Olivenöl pürieren. Abschmecken.
3. Die Sellerieknolle aus dem Ofen nehmen und mit dem Rucola und dem Pesto auftischen. Als Vorspeise dazu etwas Brot reichen. Als Hauptmahlzeit mit Sesamkartoffeln (Rezept S. 141) essen.

TIPP

Am besten gleich 2 Knollen zubereiten, dann lohnt es sich, den Ofen so lange zu heizen, und Sie können die zweite am nächsten Tag als kalten Snack genießen. Alternativ mit etwas Öl oder Schmand pürieren und als Beilage erhitzen oder das Püree verdünnen und eine Suppe daraus machen.

VARIANTE

Das Pesto wird frischer mit 150 g Naturjoghurt.

LASAGNE WEISS-GRÜN

ZUTATEN FÜR 4 PORTIONEN

400 g Pastinaken
1 Zwiebel
400 g breite Bohnen
4 EL Rapsöl
Salz, Pfeffer
Kurkuma
geriebene Muskatnuss
200 g saure Sahne
150 g würziger Reibekäse
ca. 180 g Lasagneblätter (am besten Vollkorn)

ZUBEREITUNGSZEIT: ca. 1 Std.
NÄHRWERTE PRO PORTION:
576 kcal, 21,1 g EW, 32,0 g F, 54,7 g KH, 5,1 g BS

Pastinaken sorgen mit viel Inulin für eine gesunde Darmflora – gut für die Abwehrkräfte und eine gesunde Verdauung. Auch Bohnen liefern als Hülsenfrüchte reichlich Ballaststoffe. Ebenso wie Zwiebeln mit ihren Fructanen. Wenn dann noch die Lasagneblätter aus Vollkorn bestehen, wird der Darmmikrobiota einiges geboten. Für Eiweiß sorgen Käse und saure Sahne.

1. Das Gemüse waschen und samt Zwiebel schälen. Die Zwiebel klein und die Pastinaken grob würfeln, die Bohnenenden abknipsen. Die Zwiebeln in 3 EL Öl andünsten, Pastinaken zugeben. Mit Salz, Pfeffer, Kurkuma und Muskat würzen. 200 ml Wasser angießen. Bohnen im Ganzen obenauf legen. Das Gemüse zugedeckt bei kleiner Hitze etwa 15 Minuten garen, bis Pastinaken und Bohnen gar sind. Wenn nötig, noch etwas Wasser zugeben.
2. Eine Auflaufform (etwa 35 × 25 cm) mit dem übrigen Öl einstreichen.
3. Die Bohnen aus dem Topf heben. Erst die saure Sahne in den Topf geben, dann die Pastinaken und mit dem Pürierstab fein pürieren. Nach und nach etwa 250 ml Wasser und die Hälfte Reibekäse zufügen. Kräftig würzen.
4. Nacheinander ein wenig Pastinakenpüree in die Auflaufform füllen, Lasagneblätter und wieder Püree darauf verteilen, Bohnen quer einschichten. Dann wieder Lasagneblätter, Püree und Bohnen einschichten. Mit Lasagneblättern und Püree enden.
5. Die Lasagne mit restlichem Käse bestreuen und im Backofen bei 180 Grad etwa 30 Minuten backen.

TIPP

Die Lasagne lässt sich toll vorbereiten. Sie ist auch gut geeignet zum Mitnehmen, wenn es eine Möglichkeit zum Aufwärmen gibt.

VARIANTEN

Statt Bohnen Möhren schälen, längs vierteln, in der Pfanne halb gar dünsten und einschichten. Oder 500 g Grünkohl grob hacken und mit etwas Öl in der Pfanne braten, würzen und einschichten. Klappt auch mit TK-Grünkohl. Für die besonders schnelle Variante: TK-Erbsen verwenden.

OFEN-MIX MIT TANDOORI-CHICKEN

Ab und zu weißes Fleisch zu essen ist eine Wohltat für den Darm. Erst recht, wenn es mit Leinsamen und Gewürzen wie Ingwer und Knoblauch kombiniert wird. Rosenkohl liefert zusätzliche Ballaststoffe und entzündungshemmende Glucosinolate. Der Joghurt sorgt mit Milchsäure für ein gesundes Darmmilieu. Wer selbst gemachten Joghurt verwendet und ihn nicht erhitzt, kommt in den Genuss probiotischer Bakterien.

ZUTATEN FÜR 4 PORTIONEN

2 Knoblauchzehen
1 Stück Ingwer (2–3 cm)
500 g Naturjoghurt (3,5 % Fett)
1 TL Tandoori-Gewürz oder Currypulver
Salz, Chiliflocken
Kreuzkümmel
50 g gelbe Leinsamen
300 g Hühnerbrustfilet am Stück
600 g Rosenkohl
700 g Kartoffeln
4 EL Rapsöl
2 Frühlingszwiebeln

ZUBEREITUNGSZEIT: ca. 1 Std. + 1 Std. Ruhezeit

NÄHRWERTE PRO PORTION: 553 kcal, 30,9 g EW, 27,1 g F, 45,3 g KH, 10,3 g BS

1 Knoblauch und Ingwer schälen und fein hacken, mit dem Joghurt, allen Gewürzen und den Leinsamen verrühren. Etwa die Hälfte für den Dip kalt stellen. Mit der übrigen Creme die Hühnerbrust rundherum einstreichen und im Kühlschrank mindestens 1 Stunde ziehen lassen.

2 Den Rosenkohl und die Kartoffeln waschen. Den Rosenkohl putzen und vom Stiel her einstechen. Die Kartoffeln in fingerdicke Spalten schneiden. Beides in einer Schüssel mit Öl, Salz, Chiliflocken und Kreuzkümmel mischen. Auf einem mit Backpapier ausgelegten Blech verteilen. In der Mitte die marinierte Hühnerbrust platzieren.

3 Den Backofen auf 200 Grad vorheizen und das Blech hineinschieben. Etwa 35 Minuten backen.

4 In der Zwischenzeit Frühlingszwiebeln waschen, putzen und in dünne Ringe schneiden. Unter den Joghurtdip ziehen und abschmecken. Zu Kartoffeln, Rosenkohl und Hühnerbrust reichen.

INFO

Ein Tandoor ist ein traditioneller indischer Ofen, in dem mariniertes Fleisch gegrillt wird. Typisch sind vor allem die Joghurtmarinade und die Gewürze.

VARIANTEN

Wer Rosenkohl nicht so gern mag, nimmt Brokkoli, Möhren, Kürbis, Zucchini oder Paprika. Veggies lassen die Hühnerbrust weg und verwenden Tofu: einfach marinieren und mitbacken. Auch Fischfilet passt gut - dieses aber nur die letzten 10 Minuten mitgaren.

SPARGEL-BLINI MIT MATJES-HÄCKERLE

ZUTATEN FÜR 4 PORTIONEN

125 g Buchweizenmehl
125 g Instant-Haferflocken (Schmelzflocken)
2 TL Trockenhefe
1 Prise Salz
300 ml Milch
3–4 Frühlingszwiebeln
400 g grüner Spargel
200 g Matjesfilet
1 Bund Radieschen
2 EL Zitronensaft
200 g Sauerrahm (10 % Fett)
Pfeffer
4 EL Rapsöl

ZUBEREITUNGSZEIT: ca. 45 Min.
NÄHRWERTE PRO PORTION:
498 kcal, 15,6 g EW, 32,4 g F, 37,4 g KH, 3,34 g BS

Buchweizen ist kein Getreide und glutenfrei. Er schmeckt nussig, ist reich an Kalium, Magnesium, Eisen und den Vitaminen B_1, B_2 und E. Außerdem beeinflusst Buchweizen den Blutzuckerspiegel positiv, und seine Ballaststoffe wirken prebiotisch. Sie erhöhen die Vielfalt der Darmbakterien. Hafer tut das durch die Glucane, Spargel durch Inulin. Matjes liefert gesunde Omega-3-Fettsäuren.

1 Das Buchweizenmehl mit Haferflocken, Trockenhefe und Salz in einer Schüssel vermischen. Die Milch lauwarm erwärmen und mit der Mehlmischung verrühren. Nach Bedarf etwas Wasser dazugeben. Den Teig an einem warmen Ort abgedeckt 30 Minuten gehen lassen.

2 Inzwischen das Gemüse waschen. Frühlingszwiebeln putzen, weiße Enden fein hacken und die grünen Triebe in dünne Röllchen schneiden. Spargel im unteren Drittel schälen, Schnittflächen nachschneiden und die Stangen in etwa 1 cm breite Stücke schneiden. Beides – bis auf 2–3 EL weiße Zwiebelwürfel – nach der Ruhezeit unter den Teig ziehen.

3 Matjes von Schwanzflossen befreien und fein würfelig schneiden. Radieschen putzen, Kugeln grob hacken, Stiele in Röllchen schneiden, Grün fein hacken. Das Gemüse mit dem Sauerrahm, Matjes, Zitronensaft und den restlichen Zwiebelwürfeln mischen und pfeffern.

4 Etwas Rapsöl in einer beschichteten Pfanne erhitzen und mit einem großen Löffel Küchlein hineinsetzen. Insgesamt etwa 18 Blini von beiden Seiten goldgelb backen. Mit dem Matjeshäckerle auftischen.

INFO

Noch Teig übrig? Er kann 1 Tag im Kühlschrank aufbewahrt werden. Nach 2 Tagen wird er zu sauer. Für längere Aufbewahrung Teigreste lieber einfrieren.

VARIANTEN

Anstelle der Matjes schmeckt auch Lachstatar (Rezept S. 110), statt Radieschen Kresse und statt grünem Spargel weißer Spargel, Staudensellerie oder Fenchel.

WOK-WEISSKOHL ORIENTALISCH

Weißkohl spendet nicht nur prebiotische Ballaststoffe, sondern auch Sulforaphan und Glucosinolate, beide als entzündungshemmend bekannt. Paprika wie auch der Apfel enthalten Pektin, das ebenfalls prebiotisch wirkt. Der Vitamin-C-Gehalt in Paprika ist höher als bei Zitrone, und sie enthält außerdem viel Betacarotin – beides schützt die Zellen. Walnüsse wirken durch Vitamin E, Polyphenole und Omega-3-Fettsäuren Entzündungen entgegen und stärken die Darmbarriere.

ZUTATEN FÜR 4 PORTIONEN

1 Zwiebel
1 kleiner Weißkohl (ca. 800 g)
2 rote Paprikaschoten
1 Apfel
100 g Walnüsse
5 EL Olivenöl
Salz, Pfeffer
2 TL gemahlener Kreuzkümmel
1–2 EL Apfelessig

ZUBEREITUNGSZEIT: ca. 30 Min.
NÄHRWERTE PRO PORTION:
390 kcal, 7,6 g EW, 31,2 g F, 24,1 g KH, 8,2 g BS

1 Die Zwiebel schälen, halbieren und in Würfel schneiden. Weißkohl waschen, den Strunk entfernen und den Kohl in dünne Streifen schneiden. Paprika waschen, halbieren, den Stiel, Kerne und Zwischenhäute entfernen. Schoten in schmale Streifen schneiden. Den Apfel waschen, in Achtel schneiden und quer in dünne Scheiben. Die Walnüsse grob hacken.

2 Die Zwiebeln in einem Wok im Olivenöl glasig dünsten. Dann nach und nach Kohl- und Paprikastreifen zugeben und unter Rühren etwa 12 Minuten braten. Dabei mit Salz, Pfeffer und Kreuzkümmel kräftig würzen. Die Apfelstückchen zugeben und weiterbraten.

3 Die Walnüsse in einer kleinen Pfanne rösten. Ist das Kraut knackig gar, mit Essig und den Gewürzen abschmecken und mit Walnüssen toppen.

TIPP

Zu diesem Kohlgericht passen Buchweizengrütze, Natur-Basmati oder Venere, also schwarzer Reis, Bandnudeln oder Ofenkartoffeln.

VARIANTEN

Mit 150 g Naturjoghurt schmeckt das Kraut noch frischer. Statt Weißkraut passt auch Sauerkraut oder eine Mischung aus Sauerkraut und Spitzkohl.

PILZSCHNITZEL MIT SÜSSKARTOFFEL-HIRSOTTO

ZUTATEN FÜR 4 PORTIONEN

250 g Süßkartoffeln
1 Lauchstange
4 EL Rapsöl
Salz, Pfeffer
120 g Hirse
400 g Austernpilze
2 Eier
100 g Vollkornmehl (Dinkel oder Weizen)
50 g Sesamsamen
1 Zitrone
100 g saure Sahne (10 % Fett)

ZUBEREITUNGSZEIT: ca. 40 Min.
NÄHRWERTE PRO PORTION:
589 kcal, 17,9 g EW, 29,1 g F, 70,8 g KH, 13,6 g BS

Austernpilze sind reich an Ballaststoffen, die unseren Dickdarm erreichen und dort der Darmmikrobiota als Nahrung dienen. In diesem Rezept werden sie mit Sesamsamen paniert. Dazu gibt's ein Hirsotto mit Süßkartoffeln. Diese enthalten Polysaccharide, die die Darmbakterien ähnlich lieben wie Hirse mit ihren Beta-Glucanen und Arabinoxylanen.

1 Die Süßkartoffeln waschen, schälen und in ½ cm große Würfel schneiden. Den Lauch putzen, längs halbieren, waschen und quer in 1 cm breite Stücke schneiden. Beides in 2 EL Öl anbraten und mit Salz und Pfeffer würzen. Wenn das Gemüse beginnt anzusetzen, mit 300 ml Wasser ablöschen. Die Hirse waschen und zugeben, zugedeckt etwa 15 Minuten bei kleiner Hitze quellen lassen.

2 Die Pilze mit Küchenpapier säubern und mit der flachen Seite des Fleischklopfers flach klopfen. In kleine Schnitzel teilen. Die Eier verquirlen, mit Mehl, 120 ml Wasser und Sesamsamen zu einem dicklichen Teig rühren, salzen und pfeffern. Etwas Zitronenschale dazureiben. Die Zitrone in Achtel schneiden, eines davon in den Teig auspressen.

3 Das restliche Öl in einer Pfanne erhitzen. Die Pilze durch den Teig ziehen, kurz abtropfen lassen und dann von beiden Seiten goldgelb im Öl ausbacken. Auf Küchenpapier abtropfen lassen und warm halten, bis alle Pilze ausgebacken sind.

4 Das Süßkartoffel-Hirsotto mit saurer Sahne mischen und abschmecken. Mit den Zitronenspalten und den Austernpilzschnitzeln auftischen.

VARIANTEN

Die Hirse lässt sich durch Graupen ersetzen, die Süßkartoffeln durch klein gewürfelte Kartoffeln. Statt Austernpilzen kann man auch vorgedämpfte Kohlrabi- oder Selleriescheiben ausbacken. Diese in etwas Mehl wenden, bevor sie in den Ausbackteig kommen. Scheiben von Fleischtomaten eignen sich ebenfalls zum Ausbacken.

HAFERKLÖSSCHEN IN PEPERONATA

Hafer ist durch Beta-Glucane perfekt für den Darm. Milcheiweiß wird von der Darmmikrobiota ebenfalls bestens vertragen. Die Zwiebeln und der Knoblauch mit ihren Fructanen sind der dritte Darm-Joker, unterstützt von beruhigenden Fenchelsamen.

ZUTATEN FÜR 4 PORTIONEN

150 g zarte Haferflocken
2 Eier
500 g Magerquark
50 g Parmesan
Salz, Pfeffer
1 Handvoll Basilikum oder Petersilie
2 Gemüsezwiebeln (500 g)
2 Knoblauchzehen
2 rote und 1 gelbe Paprikaschote
4 EL Olivenöl
1 TL Fenchelsamen
500 g passierte Tomaten

ZUBEREITUNGSZEIT: ca. 35 Min.
NÄHRWERTE PRO PORTION:
559 kcal, 34,3 g EW, 24,3 g F, 54,0 g KH, 9,8 g BS

1 Die Haferflocken im Blitzhacker fein mahlen. Die Eier verquirlen, mit dem Quark und dem Hafermehl, Parmesan, Salz und Pfeffer verrühren. Die Kräuter fein hacken und unterziehen.
2 Zwiebeln und Knoblauch schälen. Die Zwiebeln halbieren und in schmale Streifen schneiden, den Knoblauch hacken. Die Paprikaschoten waschen, Stiele und Kerne entfernen, die Schoten ebenfalls in schmale Streifen schneiden.
3 In einer ofenfesten Schmorpfanne die Zwiebeln im Öl glasig anschwitzen. Dann erst Knoblauch, Paprika und Fenchelsamen zugeben, salzen und pfeffern und unter Rühren braten, bis das Gemüse beginnt anzusetzen. Die passierten Tomaten zugeben und zugedeckt etwa 10 Minuten schmoren.
4 Währenddessen Wasser in einem Topf zum Kochen bringen. Mit einem großen Löffel von der Quarkmasse etwa 20 Klöße abstechen und in leicht siedendem Wasser 5 Minuten garen. Wenden und weitere 5 Minuten garen. Zur Peperonata in die Pfanne geben, dort noch einmal 5 Minuten ziehen lassen und dann zusammen servieren.

TIPP

Es lohnt sich, die Haferklößchen auf Vorrat zu kochen, auf einem Tablett einzufrieren und dann in eine Box umzufüllen. So kann man sie portionsweise entnehmen und im Gemüse erhitzen.

VARIANTEN

Die Haferklößchen passen zu jedem cremigen Gemüsegericht wie Kürbisgemüse oder Ratatouille. Blitzvariante: Haferklößchen mit Rahmspinat!

LACHS-ZUCCHINI MIT KAPERN

ZUTATEN FÜR 4 PORTIONEN
½ Bio-Zitrone
400 g Lachsfilet
Salz, Pfeffer
500 g Zucchini
1 scharfe grüne Peperoni
2–3 EL Olivenöl
150 g Babyspinat
50 g Kapern
150 g saure Sahne

ZUBEREITUNGSZEIT: ca. 25 Min.
NÄHRWERTE PRO PORTION:
351 kcal, 24,7 g EW, 25,0 g F, 7,8 g KH, 2,7 g BS

Fettreicher Seefisch ist die beste Wahl für die Darmbakterien. Auch sein Eiweiß nährt sie. Ergänzt wird hier Lachs durch grünes Gemüse. Fermentiertes wie Kapern und saure Sahne tun der Mikrobiota besonders gut und sorgen für aromatische Würze.

1. Die Zitrone waschen, die Schale abreiben und den Saft auspressen. Den Lachs von der Haut lösen, das Lachsfleisch in 3–4 cm große Stücke schneiden und mit dem Zitronensaft beträufeln. Zitronenschale zugeben, salzen, pfeffern, kalt stellen.
2. Das Gemüse waschen. Zucchinienden abschneiden, Zucchini längs je nach Größe halbieren, vierteln oder achteln, dann quer in etwa 4 cm lange Stücke teilen. Peperoni von den scharfen Kernen, Zwischenwänden und Stielen befreien, die Schoten sehr fein würfelig schneiden.
3. Zucchini und Peperoni im Öl rundherum dünsten, salzen und pfeffern. Den Lachs mit der Marinade und den Spinat zugeben und etwa 3–4 Minuten zugedeckt mit Resthitze gar ziehen lassen.
4. Die Kapern mit der sauren Sahne vermischen und in der Pfanne verteilen, auftischen. Dazu passen Hafernudeln, Reis, Buchweizen oder Kartoffeln.

TIPP

Falls man keinen frischen Spinat bekommt oder wenn es schnell gehen soll, ist Tiefkühlspinat eine gute Alternative.

STEAKS MIT SCHALOTTENKOMPOTT UND KÜRBIS-KARTOFFELSTAMPF

Fleisch sollte nicht zu lange und zu hoch erhitzt werden – das klappt mit Steaks von Lamm oder Rind, die nicht unbedingt durchgegart sein müssen. Hühnerbrustfilet dagegen sollte durchgegart sei, ist aber grundsätzlich leichter verdaulich. Schalotten mit ihrem Inulin und Kürbis mit seinen Oligosacchariden sind Darmfutter pur. Wenn die Kartoffeln vom Vortag sind, kommen noch resistente Stärken dazu.

ZUTATEN FÜR 4 PORTIONEN

600 g Hokkaido-Kürbis
Salz
500 g Schalotten oder rote Zwiebeln
4 Steaks à ca. 120 g
Thymian, Pfeffer
5 EL Olivenöl
250 ml milder Rotwein
1 EL Honig
Worcestersoße
1–2 EL Rotweinessig
600 g gekochte Kartoffeln
100 ml Milch

ZUBEREITUNGSZEIT: ca. 30 Min.
NÄHRWERTE PRO PORTION:
530 kcal, 33,4 g EW, 21,6 g F, 43,4 g KH, 6,04 g BS

1. Den Kürbis waschen, in Spalten schneiden, Kerne entfernen und die Spalten klein schneiden. In einem Topf mit 200 ml Wasser und Salz zum Kochen bringen und in etwa 20 Minuten garen.
2. Inzwischen die Schalotten schälen, längs halbieren oder vierteln. Die Steaks mit Thymian, Salz und Pfeffer rundherum einreiben. Etwa 3 EL Öl in einer beschichteten Pfanne erhitzen, die Steaks rundherum von beiden Seiten etwa 2 Minuten anbraten. In Alufolie einschlagen und warm halten.
3. Die Schalotten im Fond anbraten, bis sie ansetzen. Mit dem Wein ablöschen, mit Salz, Pfeffer und dem Honig würzen und bei kleiner Hitze offen köcheln lassen, bis die Schalotten weich sind. Mit Worcestersoße und Essig abschmecken.
4. Die Kartoffeln klein würfelig schneiden, Pellkartoffeln vorher pellen. Mit der Milch zu dem weichen Kürbis geben und heiß werden lassen. Dann mit dem Kartoffelstampfer zu einem Mus stampfen, mit Salz, Pfeffer und dem restlichen Olivenöl abschmecken.
5. Die Steaks in den Schalotten kurz erhitzen und mit dem Kartoffel-Kürbis-Stampf auftischen.

TIPP

Klappt auch mit rohen, klein geschnittenen Kartoffeln, die mit dem Kürbis mitgaren.

VARIANTEN

Schmeckt auch toll mit Entenbrust oder Lachs.

GERÖSTETE KICHERERBSEN

ZUTATEN FÜR 1 BACKBLECH
200 g getrocknete Kichererbsen
1 TL Salz
3 EL Olivenöl
2 TL Currypulver
2 TL rotes Thai-Currypulver
2 TL grünes Laos-Currypulver

ZUBEREITUNGSZEIT: ca. 45 Min. + 12 Std. Einweichzeit
NÄHRWERTE INSGESAMT:
565 kcal, 15,0 g EW, 35,4 g F, 53,6 g KH, 8,8 g BS

Hülsenfrüchte enthalten reichlich Ballaststoffe, Kichererbsen vor allem Pektin, Gummi und Schleimstoffe, die Wasser im Darm binden und den Darmbakterien als Nahrung dienen. Die unlöslichen Ballaststoffe wie Cellulose, Hemicellulose und Lignin erhöhen das Stuhlvolumen und regen so die Darmbewegung an. Sie erlauben Knabbervergnügen mit erheblich weniger Fett als vergleichbare Nüsse. Mit unterschiedlichen Gewürzen entstehen ganz verschiedenartige Geschmacksnoten.

1. Die Kichererbsen mit der doppelten Menge (400 ml) kaltem Wasser in einen Topf geben und über Nacht (mindestens 12 Stunden) einweichen lassen. Abtropfen und mit frischem Wasser durchspülen.
2. Die eingeweichten Kichererbsen im Schnellkochtopf mit etwa 400 ml Wasser bedecken, salzen, aufkochen lassen. 5 Minuten bei niedriger Hitze garen.
3. Wenn sie weich sind, abgießen, mit Wasser abspülen, abtropfen lassen und mit einem Küchentuch trocken tupfen.
4. In einer großen Schüssel die Kichererbsen mit Olivenöl vermengen. Dann die Kichererbsen auf drei kleine Schüsseln verteilen und jeweils mit einem der Gewürze vermengen. Gleichmäßig auf ein mit Backpapier belegtes Backblech geben und im heißen Ofen bei 180 Grad Umluft 30–40 Minuten backen. Regelmäßig wenden.

TIPP

Auch im normalen Topf lassen sich die Kichererbsen kochen. Dann die Kichererbsen mit etwa 400 ml Wasser bedecken und für 15-20 Minuten mit Deckel garen. Bei Bedarf Wasser nachfüllen. Wer den Schritt des Einweichens der Kichererbsen überspringen möchte, kann die getrockneten Kichererbsen im Schnellkochtopf mit 600 ml Wasser für 15 Minuten kochen. Falls es schnell gehen muss, eignen sich auch Kichererbsen aus der Dose.

VARIANTEN

Die würzigen Knabbererbsen sind auch ein leckeres Topping für Salate oder Suppen und Eintöpfe. Sie passen außerdem zu jeder pikanten Lunchbox.

CRACKER

Graupen und Buchweizen liefern mit Beta-Glucanen, Linsen und Walnüsse mit Ballaststoffen den Darmbakterien reichlich Futter. Durch das Quellen werden Phytate, die die Mineralstoffaufnahme im Darm stören, abgebaut: Die Cracker werden besser verträglich. Rosmarin wirkt anregend und entzündungshemmend.

ZUTATEN FÜR 1 BACKBLECH (CA. 20 CRACKER)

50 g rote Linsen
50 g Buchweizen
50 g Gerstoni-Graupen
1 TL Salz
50 g Walnusskerne
2 EL Olivenöl
2–3 Zweige Rosmarin

ZUBEREITUNGSZEIT:
ca. 1 Std. + 6 Std. Quellzeit

NÄHRWERTE PRO CRACKER:
53 kcal, 1,5 g EW, 2,9 g F, 5,7 g KH, 0,6 g BS

1. Linsen, Buchweizen und Graupen in einen Topf mit 300 ml Wasser geben, das Salz hinzufügen und 12–15 Minuten zugedeckt garen. Über Nacht oder mindestens 6 Stunden kalt stellen.
2. Am nächsten Tag die Nüsse fein hacken. Den Körnermix mit dem Pürierstab kurz grob mixen, mit den Nüssen und dem Öl mischen. Rosmarinnadeln vom Stiel streichen und hacken.
3. Den Backofen auf 150 Grad vorheizen. Ein Blech mit Backpapier auslegen. Mit einem nassen Löffel Teigportionen abstechen und diese auf dem Blech zu kleinen dünnen Crackern verstreichen. Mit Rosmarin bestreuen.
4. Im Ofen etwa 40 Minuten backen. Nach der Hälfte der Backzeit die Cracker wenden.

TIPP

Je trockener die Cracker gebacken werden, desto haltbarer sind sie. Normalerweise bleiben sie in einer Blechdose etwa 1 Woche frisch. Sie sind der perfekte Reiseproviant und ideal für die Lunchbox.

VARIANTEN

Wer keine Walnüsse im Vorrat hat, nimmt Kürbis- oder Sonnenblumenkerne, Sesamsamen oder Haselnüsse. Graupen lassen sich durch grobe Haferflocken ersetzen, Buchweizen durch Hirse.

MIXED CHIPS

ZUTATEN FÜR 2 BACKBLECHE
100 g Wirsing
4 EL Olivenöl
Kräutersalz
100 g Pastinaken
100 g Kartoffeln

ZUBEREITUNGSZEIT: ca. 35 Min.
NÄHRWERTE INSGESAMT:
526 kcal, 6,0 g EW, 40,8 g F, 37,5 g KH, 6,2 g BS

Inulin im Wurzelgemüse ist das ideale Prebiotikum für den Darm. Der Wirsing ergänzt den Mix mit Kalium, Vitamin C, Folsäure, Senfölen und mit seinen Ballaststoffen. Für die Lunchbox lohnt es sich, einen kleinen Vorrat anzulegen.

1. Den Wirsing waschen und trocken schleudern. Dicke Rippen entfernen und die Blätter in handtellergroße Stücke zupfen. Mit 2 EL Öl und etwas Salz in einer Schüssel verkneten.
2. Auf zwei mit Backpapier ausgelegten Blechen verteilen und im Backofen bei 160 Grad Umluft 10–15 Minuten knusprig trocknen. Die Bleche nach der halben Zeit austauschen. Der Wirsing sollte nicht zu dunkel werden.
3. In der Zwischenzeit die Pastinaken und Kartoffeln waschen, schälen und in möglichst dünne Scheiben hobeln. In einer Schale mit dem restlichen Öl und etwas Salz vermischen.
4. Die Wirsingchips vom Blech nehmen und die Pastinaken und Kartoffeln darauf verteilen. Wieder bei Heißluft, aber bei 200 Grad, etwa 15 Minuten backen. Die Bleche dabei zur Halbzeit tauschen.
5. Chips auf dem Blech abkühlen lassen und mit den Wirsingchips in einer dicht schließenden Blechdose aufbewahren.

TIPP

Zu den Chips schmecken pikante Dips wie die Erbsen-Cashewcreme (Rezept S. 113) oder herzhafte Brotaufstriche.

VARIANTEN

Auch aus Möhren, Süßkartoffeln und Topinambur oder Sellerie und Grünkohl lassen sich Gemüsechips herstellen. Der Gehalt an Inulin ist da zwar unerheblich, aber die Chips entwickeln nach 24 Stunden resistente Stärken. Also nicht alles sofort essen, auch wenn es schwerfällt.

ROTE-BETE-BROWNIES

Rote Bete und Datteln liefern reichlich Ballaststoffe für einen gesunden Darm. Sie sorgen für Saftigkeit und Süße. Haferflocken mit ihren Beta-Glucanen ergänzen diese Wirkung. Xylit als Süßungsmittel hat nur halb so viel Kalorien wie Zucker und beeinflusst die guten Darmbakterien nachweislich positiv. Rapsöl mit seinen Omega-3-Fettsäuren und Bitterschokolade wirken ebenfalls prebiotisch. Deshalb sind die Brownies auch für die Lunchbox bestens geeignet.

ZUTATEN FÜR 1 BACKBLECH (CA. 30 BROWNIES)

1 Apfel (ca. 150 g)
500 g vorgekochte Rote Bete
100 g Soft-Datteln
50 g entöltes Kakaopulver
250 g Dinkelvollkornmehl
50 g zarte Haferflocken
100 g gemahlene Haselnüsse
2 TL Backpulver
¼ TL Salz
100 ml Rapsöl
80 g Xylit (Birkenzucker)
Vanillepulver
100 g Zartbitterschokolade, gehackt

ZUBEREITUNGSZEIT: ca. 45 Min.
NÄHRWERTE PRO BROWNIE:
136 kcal, 2,8 g EW, 7,1 g F, 17,6 g KH, 2,7 g BS

1. Den Backofen auf 175 Grad vorheizen. Den Apfel waschen, in Spalten schneiden und mit der Roten Bete fein raspeln – am besten in der Küchenmaschine. Die Datteln grob hacken.
2. Alle Zutaten – außer der Schokolade – mit dem Pürierstab gründlich mixen. Es entsteht ein ziemlich flüssiger Teig.
3. Zum Schluss die gehackte Schokolade unterheben und die Masse auf einem mit Backpapier ausgelegten tiefen Backblech verstreichen. Im vorgeheizten Ofen 15–20 Minuten backen. Bei der Stäbchenprobe sollte noch etwas Teig am Stäbchen kleben bleiben. Aus dem Ofen ziehen und mit Kakaopulver bestäuben.

TIPP

Die Brownies halten sich im Kühlschrank etwa 1 Woche. Einfrieren und portionsweise auftauen ist noch besser.

VARIANTEN

Wer es sehr schokoladig mag, kann die Brownies mit 100 g geschmolzener Bitterschokolade glasieren. Das Rezept klappt auch mit roher Roter Bete.

HAFERMUFFINS MIT APFEL UND JOGHURT

ZUTATEN FÜR 12 MUFFINS

80 g Walnüsse
150 g Hafermehl
60 g Haferflocken
2 TL Backpulver
1–2 TL Zimtpulver
½ TL Salz
75 g Datteln
2 Eier
70 ml Rapsöl (bei Bedarf mehr)
150 g Joghurt (3,5 % Fett)
3 Äpfel
2 EL Zitronensaft

ZUBEREITUNGSZEIT: ca. 15 Min. + 25 Min. Backzeit
Nährwerte pro Muffin: 179 kcal, 4,31 g EW, 8,24 g F, 22,8 g KH, 2,23 g BS

Äpfel enthalten den Ballaststoff Pektin. Aufgrund des hohen Wasserbindungs- und Quellvermögens beeinflusst Pektin die Verdauung positiv. Außerdem dient es als Nahrung für nützliche Bakterien im Darm, was der Darmflora zugutekommt. Der glucanreiche Hafer ergänzt diese Wirkung. Datteln liefern ebenfalls Ballaststoffe – und natürliche Süße.

1 Den Backofen auf 180 Grad vorheizen. 12 Walnussstückchen beiseitelegen. Den Rest grob hacken, mit Hafermehl, Haferflocken, Backpulver, Zimt und Salz vermischen.
2 Die Datteln fein hacken und im Blitzhacker mit den Eiern pürieren. Mit Öl und Joghurt glatt rühren.
3 Die Äpfel waschen, vierteln und die Kerngehäuse entfernen. 1 ½ Äpfel würfeln, ½ Apfel raspeln. Aus dem übrigen Apfel 24 schmale Fächer für die Deko schneiden und in Zitronensaft einlegen.
4 Gewürfelte und geraspelte Äpfel mit den nassen Zutaten mischen. Rasch die trockenen Zutaten unterheben. Teig mit einem Löffel in die Muffinförmchen füllen und Apfelfächer sowie Nüsse obenauf setzen.
5 Die Muffins etwa 20–25 Minuten im Ofen goldbraun backen. Aus dem Ofen nehmen und kurz ruhen lassen. Dann die Muffins aus der Backform nehmen.

TIPP

In der Schale der Äpfel ist das meiste Pektin – unbedingt mit verwenden. Wer kein Hafermehl hat, kann Haferflocken im Blitzhacker sehr fein mahlen.

VARIANTE

Für Schokomuffins 2 EL Kakaopulver und 40 g Kakaonibs zugeben, die Walnüsse durch gemahlene Haselnüsse ersetzen und statt der Äpfel geraspelte Karotten verwenden.

MÜSLIRIEGEL

Süßkartoffeln sind nicht nur natürlich süß, sondern enthalten auch reichlich MACs, diejenigen Ballaststoffe, die den guten Darmbakterien als Nahrung dienen. Ergänzt durch die Glucane der Gerste und die Ballaststoffe des Kernemix, bringt das die Darmmikrobiota auf Trab. Eine perfekte Zwischenmahlzeit, die lange vorhält.

ZUTATEN FÜR CA. 16 RIEGEL

300 g Süßkartoffel
50 ml Walnussöl
1 Msp. Salz
100 g Gersten-Couscous
100 g Soft-Aprikosen
200 g Kernmix (Kürbis, Erdnüsse, Sesam zu gleichen Teilen)
5 EL Dattelsirup
1 TL Zimtpulver

ZUBEREITUNGSZEIT: ca. 30 Min. + 1 Std. 40 Min. Backzeit

NÄHRWERTE PRO RIEGEL: 169 kcal, 5,8 g EW, 9,2 g F, 17,3 g KH, 3,4 g BS

1. Die Süßkartoffel waschen, schälen und raspeln. Mit dem Öl andünsten und salzen. Zugedeckt etwa 15 Minuten bei kleiner Hitze garen. Nach 5 Minuten Gersten-Couscous zufügen. Beginnt alles anzusetzen, 100–150 ml Wasser zugeben.
2. Die Soft-Aprikosen hacken und mit Kernmix, Dattelsirup und Zimt zum Gersten-Süßkartoffel-Mix geben und verrühren. In einer Küchenmaschine oder einem Blitzhacker mixen, abkühlen lassen.
3. Die Masse auf einem mit Backpapier belegten Blech etwa 1 ½ cm dick verstreichen und Schnitten von etwa 3 × 8 cm einkerben, die Seiten begradigen.
4. In den Backofen schieben und bei 150 Grad Heißluft etwa 1 Stunde und 40 Minuten backen. Das Blech herausnehmen und die Schnitten noch warm entlang der Kerbung aufschneiden.

TIPP

Luftig aufbewahrt halten die Riegel etwa 10 Tage. Im Kühlschrank in einer Dose sind sie 1 Monat haltbar.

ZWETSCHGEN-CRUMBLE

ZUTATEN FÜR 8 CRUMBLES (FÖRMCHEN CA. 8 CM Ø)

600 g Zwetschgen
80 g Walnüsse
80 g Hafermehl
80 g Haferflocken
20 g Xylit
20 g Vollrohrzucker
1 TL Zimtpulver
1 Prise Salz
80 g kalte Butter
Fett für die Förmchen

ZUBEREITUNGSZEIT: ca. 20 Min. + 35 Min. Backzeit

NÄHRWERTE PRO CRUMBLE:
235 kcal, 4,0 g EW, 12,8 g F, 28,6 g KH, 2,9 g BS

Zwetschgen regen durch ihr Pektin die Verdauung an und tun der Darmmikrobiota gut. Wenn sie wie hier durch Haferflocken, Hafermehl und Xylit ergänzt werden, erst recht. Da verkraftet der Darm auch die Butter!

1. Den Backofen auf 180 Grad vorheizen. 8 kleine feuerfeste Förmchen leicht einfetten und zur Seite stellen.
2. Die Zwetschgen waschen und entsteinen, dabei halbieren. Walnüsse grob hacken. Nüsse, Hafermehl und -flocken, Xylit, Zucker, Zimt und Salz mischen. Butter in Flöckchen zugeben und mit den Fingerspitzen zu krümeligen Streuseln verreiben.
3. Die Zwetschgen auf die Förmchen verteilen, mit dem Streusel bedecken und im heißen Ofen etwa 35 Minuten goldbraun backen.

TIPP

Schmeckt toll mit Joghurt-Sahne. Dazu 100 ml Schlagsahne steif schlagen und am Ende 100 g Naturjoghurt einlaufen lassen.

VARIANTE

Ist keine Zwetschgen-Saison, passen auch Aprikosen oder Apfelstückchen, am besten mit Schale. Der Crumble gelingt natürlich auch in einer großen Form (27 cm ø), dann aber 45 Minuten backen.

NICE ICE

Überreife Bananen sind die perfekte Basis für diese Eiscreme ohne zugesetzten Zucker, denn ihre Stärke ist völlig in Zucker umgewandelt. Das ist wichtig, damit das Eis eine cremige Struktur hat. Gleichzeitig enthalten reife Bananen Pektin – das wirkt auf die Darmbakterien prebiotisch. Blaubeeren und Buchweizen unterstützen diese Wirkung.

1. Den Buchweizen in einer Pfanne ohne Fett rösten, bis er duftet.
2. Den Joghurt mit Zimt cremig rühren.
3. Die Früchte – 1 Handvoll Beeren beiseitelegen – mit der Hälfte Joghurt in den Mixer geben und cremig pürieren. Bei Bedarf etwas Wasser zugeben.
4. Die Joghurtmasse in 4 Kugeln portionieren und mit dem restlichen Joghurt, Buchweizen, Kakaonibs und den übrigen Beeren toppen.

ZUTATEN FÜR 4 KUGELN

2 EL Buchweizen (30 g)
150 g milder Naturjoghurt (1,5 % Fett)
½ TL Zimtpulver
3 Bananen, gefroren in Stücken (600 g)
400 g Blaubeeren, gefroren
2 EL Kakaonibs
frische Beeren für die Deko

ZUBEREITUNGSZEIT: ca. 10 Min.

NÄHRWERTE PRO KUGEL:
215 kcal, 4,53 g EW, 4,12 g F, 41,4 g KH, 7,47 g BS

INFO

Wenn man Buchweizenkörner röstet, garen sie quasi und werden knusprig wie gehackte Nüsse. Im Vergleich zu diesen haben sie aber viel weniger Fett, also weniger Kalorien.

VARIANTEN

Das Rezept mit anderen Beeren wie reifen Aprikosen, Pfirsich oder Melone variieren.

GEFRORENE JOGHURT-BEEREN-HAPPEN

ZUTATEN FÜR 15 STÜCK
100 g Mascarpone
1 EL Agavendicksaft
100 g griechischer Joghurt (10 % Fett)
15 gefrorene große Himbeeren
3–4 EL gehackte Pistazien

ZUBEREITUNGSZEIT: ca. 15 Min. + 4 Std. Gefrierzeit
NÄHRWERTE PRO STÜCK:
52 kcal, 1,3 g EW, 4,6 g F, 1,8 g KH, 0,4 g BS

Milchprodukte sind eine Wohltat für den Darm – vor allem Joghurt mit seiner Milchsäure. Kombiniert mit frischem Obst und wenig Süße sind sie eine darmfreundliche Alternative zu Keksen und Süßigkeiten.

1 Den Mascarpone mit dem Agavensirup cremig rühren, den Joghurt unterziehen. Ein kleines Blech oder Metalltablett mit Backpapier auslegen.
2 Knapp die Hälfte der Creme in 15 Klecksen auf das Backpapier setzen. In die Mitte jeweils eine gefrorene Himbeere platzieren und mit der restlichen Creme bedecken. Mit den Pistazien bestreuen.
3 Mindestens 3–4 Stunden im Tiefkühlfach gefrieren lassen. Vor dem Essen etwa 5 Minuten antauen lassen.

TIPP

Mit einem kleinen Eisportionierer werden die Joghurt-Beeren-Happen schön rund.

VARIANTEN

Die Happen alternativ mit Kokosflocken oder Sesamsamen bestreuen. Wer es schokoladig mag, kann die gefrorenen Stücke in geschmolzene Bitterkuvertüre tauchen. Dann sofort auftischen – oder nochmals einfrieren.

MARONI-MÜSLI-KUGELN

Als kleiner Snack für zwischendurch oder in Stückchen geschnitten auf dem Joghurt: Durch Ballaststoffe der Mandeln und resistente Stärke der Maronen werden die Darmbakterien gefüttert. Haferflocken mit ihren Glucanen und die ballaststoffreichen Datteln ergänzen das. Eine tolle Alternative zu Schokoladentrüffeln.

1 Alle Zutaten – aber nur mit 2 TL Kakaopulver – im Blitzhacker zu einer homogenen Masse pürieren. Ist sie zu fest, noch etwas Traubensaft zufügen. Dann mindestens 1 Stunde quellen lassen – am besten über Nacht.

2 Mit einem Teelöffel Portionen abstechen, jeweils zur Kugel drehen und in Kakaopulver wälzen. Im Kühlschrank aufbewahrt bleiben die Müslikugeln bis zu 1 Woche frisch.

ZUTATEN FÜR CA. 20 KUGELN

150 g vorgekochte Maronen
50 g geriebene Mandeln
30 g zarte Haferflocken
100 ml Traubensaft
4 Soft-Datteln ohne Stein
3 EL Walnussöl
3 TL Kakaopulver
1 Msp. Vanillepulver
½ TL Zimt
1 Prise Jodsalz

ZUBEREITUNGSZEIT: ca. 10 Min. + mindestens 1 Std. Quellzeit

NÄHRWERTE PRO STÜCK:
62 kcal, 1,2 g EW, 3,2 g F, 7,7 g KH, 1,4 g BS

TIPP

Für eine längere Haltbarkeit einfrieren und portionsweise auftauen.

WISSENSWERTES UND HILFREICHES:

Kurwochen, Lebensmittel-Tabellen, Glossar, Literatur

SPEISEPLAN FÜR EINSTEIGER

Wer mit einer darmfreundlichen Ernährung beginnt, kann es schonend angehen, um den Darm nicht zu überfordern. Hier habe ich für eine Woche Vorschläge zusammengestellt. Um den Aufwand im Rahmen zu halten, werden manche Gerichte im Sinne einer Prep-Küche gleich für zwei Tage zubereitet. Diese sind mit dem Hinweis »doppelte Menge« versehen. Alle Rezepte finden Sie im Kapitel »Patentrezepte für den gesunden Darm«. Ob Sie mittags eine Lunchbox mitnehmen wie hier oder ob Sie mittags warm essen und abends kalt, das spielt keine Rolle. Und das Sauerteigbrot oder den Joghurt müssen Sie auch nicht unbedingt selbst machen.

Auch die Aufstriche müssen nicht alle unbedingt aus der eigenen Küche kommen. Aber achten Sie bei Fertigproduktem auf eine kurze Zutatenliste ohne Zusatz- und Aromastoffe, dafür mit Hülsenfrüchten und Nüssen oder Kernen. Unser Darmmikrobiom gewöhnt sich beim Erwachsenen nur langsam an eine andere Kost. Deshalb gilt: Nicht überfordern, sondern sich und dem Darm Zeit lassen. Auf der nächsten Doppelseite finden Sie meinen Vorschlag für eine erste Eingewöhnung.

SPEISEPLAN NACH ANTIBIOTIKABEHANDLUNG

Nach Einnahme von Antibiotika geht es darum, möglichst viel probiotische Bakterien zu verzehren, um das eigene Mikrobiom aufzufrischen. Das wirkt nachhaltiger als Präparate, dauert aber etwas länger. Deshalb ist es gut, Joghurt selbst zu machen (siehe »Fermentiertes Superfood: 5 x selber machen«). Beim Essig dauert es etwas länger, bis er reif ist, bis dahin einfach fertigen Apfelessig verwenden. Das Sauerteigbrot kann auch von einem guten Bäcker kommen. Ob es mittags oder abends die kalte Mahlzeit gibt, ist egal. Wichtig ist, Esspausen zwischen den Mahlzeiten einzuhalten. Die Extras also lieber zum Nachtisch essen statt zwischendurch. Kochen Sie manche Gerichte in doppelter Menge, als Sie brauchen, das spart Zeit für den nächsten Tag!

Wirklich wichtig ist es, den Darm mit lebenden Bakterien, also Probiotika, zu füttern. Das passiert mit meinen selbstgemachten fermentierten Lebensmitteln. Und wenn die Zeit mal nicht reicht? Dann ist rohes, nicht pasteurisiertes Sauerkraut eine gute Wahl. Ebenso probiotische Milchprodukte. Und auch z. B. Rohmilchkäse oder roh gereifter Schinken. Probiotische Präparate sollte man nur nach Rücksprache mit dem Arzt einnehmen. Mein Vorschlag für eine probiotische Powerwoche finden Sie auf der übernächsten Doppelseite.

RECHTZEITIG VORBEREITEN:

- Apfelessig für Darmdrink und Salatdressings
- Sauerteigbrot
- Joghurt
- Extras/Dessert

MEIN TIPP:

Extras/Desserts wie Hafermuffins und Bananenbrot eignen sich auch hervorragend als alternatives To-go-Frühstück!

SPEISEPLAN FÜR EINSTEIGER

	SAMSTAG	SONNTAG	MONTAG
MORGENS	Shakshuka 	Sauerteigbrot mit z. B. Avocado (siehe Veggie-Toasts) 	Vorratsmüsli mit selbst gemachtem Joghurt und Apfel 
MITTAGS	Sauerteigbrot mit Aufstrich (1 × süß, 1 × herzhaft) 	Rote Bete mit Sesamkartoffeln (vom Vortag) 	Sauerteigbrot mit Käse und Rohkost 
ABENDS	Rote Bete mit Sesamkartoffeln (doppelte Menge) 	Hühnerbrust in Tomaten-Kürbis-Gemüse 	Tortilla (doppelte Menge) 
EXTRAS/ DESSERT	Maroni-Müsli-Kugeln oder Hafermuffins mit geriebenem Apfel oder Bananenbrot oder Kombucha		 

DIENSTAG	MITTWOCH	DONNERSTAG	FREITAG
Overnight-Porridge mit frischem Obst	Buchweizen-Kascha	Vorratsmüsli mit selbst gemachtem Joghurt und Banane	Overnight-Porridge mit frischem Obst

Tortilla (vom Vortag)	Sauerteigbrot mit Aufstrich und Rohkost	Zwiebelkuchen (vom Vortag)	Rotkohlsalat (vom Vortag) mit 1 Scheibe Sauerteigbrot

Kräutersuppe	Zwiebelkuchen	Rotkohlsalat (doppelte Menge) mit 1 Scheibe Sauerteigbrot	Chicorée-Tomaten-Gratin mit Gorgonzola

SPEISEPLAN NACH ANTIBIOTIKABEHANDLUNG

	SAMSTAG	SONNTAG	MONTAG
MORGENS	Shakshuka 	Overnight-Porridge mit frischem Obst 	Vorratsmüsli mit Joghurt und Apfel 
MITTAGS	Sauerteigbrot mit Aufstrich (1 × süß, 1 × herzhaft) 	Kokos-Linsentopf mit Lachs (vom Vortag) 	Bunter Graupensalat (vom Vortag) 
ABENDS	Kokos-Linsentopf mit Lachs (doppelte Menge) 	Bunter Graupensalat (doppelte Menge) 	Haferklößchen 
EXTRAS/ DESSERT	1 Portion frisches Obst der Saison pro Tag		

DIENSTAG	MITTWOCH	DONNERSTAG	FREITAG
Buchweizen-Kascha 	Overnight-Porridge mit frischem Obst 	Vorratsmüsli mit Joghurt und Banane/ Blaubeeren 	Sauerteigbrot mit Aufstrich und Obst/ Rohkost 
Sauerteigbrot mit Aufstrich und Rohkost 	Hafergalette (vom Vortag) 	Kürbissalat (vom Vortag) 	Wunder-Wraps (vom Vortag) 
Hafergalette (doppelte Menge) 	Kürbissalat (doppelte Menge) 	Wunder-Wraps (doppelte Menge) 	Möhrenspaghetti 

FODMAP-ARME UND FODMAP-REICHE LEBENSMITTEL

LEBENSMITTEL	FODMAP-ARM	FODMAP-REICH
Gemüse	Chinakohl, Gurke, Kartoffeln, Knollensellerie, Kohlrabi, Kürbis, Mangold, Möhren, Pak Choi, Radieschen, Rettich, Rucola, Salat, Sellerie, Sprossen, Spinat **in Maßen je nach Verträglichkeit:** Aubergine, Brokkoli, Fenchel, grüne Bohnen, Paprika, Rosenkohl, Oliven, Rüben, Tomaten, Zucchini	Artischocken, Bohnen, Chicorée, grüne Erbsen, Frühlingszwiebeln, Knoblauch, Lauch, Mais, Pastinaken, Pilze, Rote Bete, Schwarzwurzel, Spargel, Süßkartoffeln, viele Kohlarten (Blumenkohl, Grünkohl, Rotkohl, Spitzkohl, Weißkohl, Wirsing), Topinambur, Zuckererbsen, Zwiebeln
Obst	Ananas, Clementinen, Heidelbeeren, Kaktusfeige, Kiwi, Mandarinen, Maracuja, Preiselbeeren, Rhabarber, Sanddorn, Sternfrucht **in Maßen je nach Verträglichkeit:** Erdbeeren, Grapefruit, Himbeeren, Honigmelone, Papaya, Passionsfrucht, Weintrauben, Zitrusfrüchte (Schale ist pektinreich)	Apfel, Aprikose, Banane, Birne, Brombeeren, Johannisbeeren, Kaki, Kirschen, Litschi, Mango, Nektarine, Pfirsich, Pflaume, Quitten, Wassermelone, Zwetschgen, gezuckerte Obstkonserven und Obstmus, Trockenfrüchte
Milchprodukte und Milchersatzprodukte	lactosefreie Milch und Milchprodukte (z. B. Buttermilch, Joghurt, Quark, Hüttenkäse, Frischkäse), Weich- und Schnittkäse bis 45 % Fett i. Tr. (Feta, Hartkäse), Margarine, pflanzliche Milchalternativen (z. B. Hafermilch, Haselnussmilch, Kokosmilch, Mandelmilch, Reismilch, Sojamilch aus Sojaprotein ...)	lactosereiche Milch und Milchprodukte (z. B. Buttermilch, Joghurt, Quark, Hüttenkäse, Frischkäse, Mascarpone, Sahne, Rohmilchkäse, Weich- und Schnittkäse über 45 % Fett i. Tr.), Kondensmilch, Sojamilch aus ganzen Sojabohnen, Fruchtjoghurt/-quark, Pudding
Proteinreiche Lebensmittel	Eier, Fisch, Geflügel, Fleisch, Tempeh, Tofu	fettreiche Fleisch- und Wurstprodukte, Fleisch- und Fischkonserven, panierte und frittierte Fleisch- und Wurstwaren
Brot, Getreide und Beilagen	Amaranth, Buchweizen, Flohsamen, glutenfreie Produkte, Hafer, Hirse, Polenta, Quinoa, Reis, Sauerteigbrot	Dinkel (Vollkorn), Gerste, Roggen, Weizen (Vollkorn)

Wer unter einem Reizdarm leidet, sollte vorübergehend auf FODMAP-reiche LM verzichten bzw. sie durch FODMAP-arme ersetzen. Was die hier vorgestellten Lebensmittel für das Darmmikrobiom bedeuten, ist an der Farbe zu erkennen: Grün markierte Lebensmittel tun dem Mikrobiom gut. Blau markierte sind noch besser: Superfood für den Darm!

LEBENSMITTEL	FODMAP-ARM	FODMAP-REICH
Hülsenfrüchte	Erdnüsse	Kichererbsen, Erbsen, Linsen, Sojabohnen, weiße Bohnen
Nüsse und Samen	Chiasamen, Flohsamen, Kürbiskerne, Leinsamen, Sesam, Sonnenblumenkerne, Walnüsse	Cashewkerne, Kokosnuss (frisch), Pistazien
Süßungsmittel und Süßigkeiten	Ahornsirup, brauner Rohrzucker, Glucose (Traubenzucker), Haushaltszucker, Reissirup, (Rüben-)Zucker, Rübenkraut, Saccharin, Stevia, Sucralose, Aspartam und weitere künstliche Süßstoffe ohne die Endung »-it« oder »-ol«, Bitterschokolade	Agavendicksaft, Fruchtsaftkonzentrat, Fructose, Glucose-Fructose-Sirup, Honig, Isoglucose, Invertzucker, Maissirup, künstliche Süßstoffe (z. B. Sorbitol), Zuckeralkohole wie Xylit außer Erythrit, Vollmilchschokolade
Fette und Öle	**in Maßen je nach Verträglichkeit:** Oliven-, Knoblauch-, Lein-, Rapsöl und andere pflanzliche Öle, Butter, Ghee, Schmalz	
Gewürze, Soßen und Sonstiges	Basilikum, Chili, Ingwer, Koriander, Majoran, Oregano, Paprikapulver, Petersilie, Pfeffer, Rosmarin, Schnittlauch, Thymian, Zitronengras, Salz, Mayonnaise, Essig, Fischsoße, hausgemachte Brühe, milder Senf, Sojasoße, Tamari	Chutneys, Ketchup, Würze mit Knoblauch- und Zwiebelpulver
Getränke	stilles Wasser, ungesüßter Tee (Pfefferminze - bei kurzer Ziehzeit -, Kräuter-, Schwarz-, Chai-Tee), trockener Wein (max. 1 Glas am Tag), schwarzer Kaffee (max. 3 Tassen pro Tag)	Früchte-, Kamillen- oder Fencheltee (ungesüßt), Malzkaffee, Kaffeeersatz mit Zichorienwurzel, Fruchtsäfte, Softdrinks, Alkohol wie Sekt, Bier, lieblicher Wein, Likör

Weiß = darmgesund ▪ Gelb = besonders darmgesund ▪ Schwarz: möglichst wenig davon!

GLOSSAR

Antibiotika sind Medikamente, die zur Behandlung von bakteriellen Infektionen eingesetzt werden. Sie wirken, indem sie das Wachstum oder die Vermehrung von Bakterien hemmen oder Bakterien abtöten. Allerdings nicht nur die schädlichen Bakterien, sondern auch die nützlichen, was zu einer Störung des Darmmikrobioms führen kann.

Azetat oder auch Essigsäure ist eine kurzkettige Fettsäure. Sie entsteht, wenn im Darm Ballaststoffe von Darmbakterien abgebaut werden. Sie unterstützen die Darmgesundheit, indem sie die Darmwand schützen, Entzündungen reduzieren und die Aktivität von gesunden Darmbakterien fördern. Sie kommt aber auch in fermentierten Produkten vor wie Sauerkraut oder Essig.

Ballaststoffe nennt man die Nahrungsbestandteile, die von unserem Körper nicht vollständig verdaut werden können. Sie sind meist in pflanzlichen Lebensmitteln wie Obst, Gemüse, Vollkornprodukten sowie Hülsenfrüchten, Nüssen und Samen enthalten. Man unterscheidet:

- Lösliche Ballaststoffe dienen als Nahrung für nützliche Bakterien im Darm, wirken also prebiotisch.
- Unlösliche Ballaststoffe erhöhen das Stuhlvolumen und sorgen so für Sättigung. Sie fördern die Darmbewegung und den Stuhlgang.

Beta-Glucane gehören zu den löslichen Ballaststoffen und wirken prebiotisch. Sie kommen vor allem in Getreide, aber auch in Hülsenfrüchten vor. Besonders reichlich sind sie in Hafer und Gerste enthalten.

Butyrat ist eine kurzkettige Fettsäure und wird von den Zellen in der Darmwand als Energiequelle genutzt. Dadurch regenerieren sich die Darmzellen und entwickeln die schützende Schleimschicht im Darm. Butyrate wirken zudem entzündungshemmend.

Chronisch entzündliche Darmerkrankungen (CED) sind anhaltende oder wiederkehrende Erkrankungen des Verdauungstrakts, zu denen Morbus Crohn und Colitis ulcerosa gehören. Sie sind Autoimmunerkrankungen, bei denen das Immunsystem fälschlicherweise gesundes Darmgewebe angreift und chronische Entzündungen auslöst. Die genaue Ursache ist unklar. Symptome wie Durchfall, Darmblutungen sowie Bauchschmerzen treten schubweise auf. Die Behandlung zielt darauf ab, die Symptome zu lindern und die Entzündung zu reduzieren.

- Morbus Crohn ist eine CED, die den ganzen Verdauungstrakt betrifft.
- Colitis ulcerosa ist eine CED, die hauptsächlich den Dickdarm (Kolon) betrifft. Die Entzündung beschränkt sich auf die Schleimhaut, wo sich Geschwüre bilden.

Cortisol ist ein Stresshormon. Die vermehrte Freisetzung wirkt sich unter anderem durch einen Rückgang der Vielfalt der Darmmikrobiota, Lücken in den »tight junctions« und die Entstehung eines »Leaky-Gut-Syndroms« aus.

Darm nennt man den Teil des Verdauungssystems im menschlichen Körper, der aus dem Dünndarm und dem Dickdarm besteht. Er spielt eine entscheidende Rolle bei der Verdauung, der Aufnahme von Nährstoffen, der Ausscheidung von Abfallprodukten und dem Immunsystem. Zudem beherbergt er eine große Anzahl von Mikroorganismen, die als Darmmikrobiota – früher Darmflora – bekannt sind.

Darm-Hirn-Achse bezeichnet die enge Verbindung zwischen dem Darm und dem Gehirn. Über den Vagusnerv, der vom Gehirn bis in den Darm verläuft, wird eine direkte neuronale Verbindung zwischen den beiden Organen hergestellt. Botenstoffe, wie zum Beispiel im Darm produzierte Neurotransmitter oder Hormone, gelangen so ins Gehirn und umgekehrt, ohne dass es uns bewusst wird.

Dickdarm heißt der Teil des Darms, der dem Dünndarm folgt. Er zieht Flüssigkeit aus dem Stuhl und ist der Hauptsitz der Darmbakterien. Er umfasst den Blinddarm, den aufsteigenden, quer verlaufenden, absteigenden und sigmoiden Dickdarm sowie den Endabschnitt, den Mastdarm.

Dünndarm ist der längere Abschnitt des Darms. Er ist für die Verdauung und Nährstoffaufnahme verantwortlich und in drei Abschnitte unterteilt: Duodenum (Zwölffingerdarm), Jejunum (Leerdarm) und Ileum (Krummdarm). Hier werden die meisten Nährstoffe aus den verdauten Lebensmitteln in den Blutkreislauf aufgenommen.

Dysbiose bezeichnet ein Ungleichgewicht der Darmmikrobiota, das heißt zu wenig nützliche gegenüber vielen schädlichen Bakterien.

Epigenetik bezeichnet das Zusammenspiel von Genen und der Umwelt. Äußere Umwelteinflüsse beeinflussen die Ablesebereitschaft der Gene, das heißt, unter welchen Umständen welche Gene ein- oder ausgeschaltet werden. Die DNA selbst bleibt dabei unberührt. Epigenetische Veränderungen können permanent sein und vererbt werden.

Erythrit ist ein Zuckeralkohol, der als beinahe kalorienfreies Süßungsmittel verwendet wird. Dieser Zuckeraustauschstoff wird größtenteils bereits im Dünndarm aufgenommen und hat keine Auswirkungen auf die Darmmikrobiota.

Fermentieren/Fermentation (»Gären«) bezeichnet einen natürlichen Prozess, bei dem Mikroorganismen wie Bakterien, Hefen oder Pilze Kohlenhydrate in organische Verbindungen umwandeln. Es entstehen Säuren, Alkohol oder Gase. Die Fermentation kann den Geschmack, die Textur und die Haltbarkeit von Lebensmitteln verändern und zur Entstehung von Produkten mit einzigartigen Aromen und Eigenschaften führen. Das kann anaerob, also ohne Sauerstoff, ablaufen oder aerob, mit Sauerstoff.

Fettsäuren sind in verschiedenen Lebensmitteln vorhanden und liefern Energie für den Körper. Es gibt drei Haupttypen von Fettsäuren:

- Gesättigte Fettsäuren kommen hauptsächlich in tierischen Produkten wie Fleisch, Butter und Vollmilch vor, aber auch in einigen pflanzlichen Quellen wie Kokosöl und Palmöl. Sie können das Risiko für Herzkrankheiten erhöhen und sind bei Zimmertemperatur fest.
- Einfach ungesättigte Fettsäuren sind beispielsweise in Olivenöl, Avocados und Nüssen zu finden und tragen zur Herzgesundheit, Haut- und Gehirnfunktion bei.
- Mehrfach ungesättigte Fettsäuren sind in fettem Fisch, Samen und Nüssen enthalten. Omega-3 und Omega-6 sind essenziell, weil sie der Körper nicht selbst herstellen kann. Sie unterstützen die Gehirn- und Herzgesundheit und wirken gegen Arteriosklerose.

FODMAP ist die Abkürzung für fermentierbare **O**ligosaccharide, **D**isacchararide, **M**onosaccharide und (**a**nd) **P**olyole. Bei der FODMAP-armen Diät werden diese Gruppen von Kohlenhydraten, die Verdauungsprobleme verursachen können, gemieden – etwa Getreidesorten, Hülsenfrüchte und Milchprodukte. Symptome des Reizdarmsyndroms können so gelindert werden, allerdings sollte diese Diät nicht langfristig durchgeführt werden, denn FODMAP-Kohlenhydrate füttern andererseits die guten Darmbakterien.

FOS steht für Fructooligosaccharide. Darunter versteht man Ballaststoffe, die aus Mehrfachzucker bestehen. Sie werden durch die Darmflora im Dickdarm fermentiert und wirken prebiotisch.

Gluten ist ein Sammelbegriff für Proteine (Klebereiweiße), die in den Getreidesorten Weizen, Dinkel mit Grünkern, Gerste und Roggen enthalten sind. Wer unter Zöliakie leidet, muss sich lebenslang glutenfrei ernähren.

GOS steht für Galactooligosaccharide. Darunter versteht man Ballaststoffe, die aus Mehrfachzucker bestehen. Sie kommen vor allem in Muttermilch vor und bauen die guten Bifidobakterien im Darm des Babys auf. Deshalb werden sie der Säuglingsmilchnahrung zugesetzt.

Haferkur beschreibt eine dreitägige Ernährungsweise, bei der nur Haferflocken verzehrt werden. Der enthaltene Ballaststoff, Beta-Glucan, soll den Blutzucker regulieren und positive Wirkungen auf den Darm ausüben.

Heilfasten nach Buchinger ist eine Fastenmethode, bei der eine Energiezufuhr von maximal 250 bis 550 kcal pro Tag erlaubt ist. Dabei ist ausschließlich der Verzehr von Obst- und Gemüsesäften, etwas Honig, kalorienfreien Getränken wie Wasser und Tee oder Gemüsebrühen erlaubt.

Housekeeping-Effekt bezeichnet einen Effekt, der zwei Stunden nach dem Essen einsetzt. Im Darm werden dann Reinigungs- und Regenerationsprozesse eingeleitet.

Immunsystem nennt man das körpereigene Abwehrsystem gegen Krankheitserreger. Es besteht aus Zellen und Proteinen, die Infektionen bekämpfen und den Körper schützen. Auch der Darm spielt eine entscheidende Rolle bei der Abwehr von Krankheitserregern.

Intermittierendes Fasten/Intervallfasten ist eine Ernährungsweise, bei der Essens- und Fastenphasen abwechseln, zum Beispiel 16 Stunden fasten, 8 Stunden essen oder auch 5 Tage essen, 2 Tage fasten. Für den Darm ist das Fasten eine Erholung.

Inulin ist ein Ballaststoff mit prebiotischer Wirkung. Es kurbelt die Verdauung an und löst auch Verstopfungen. Zudem füttert es die guten Darmbakterien, die Voraussetzung für ein gesundes Darmmilieu schaffen. Es kommt in Gemüsesorten wie Pastinaken, Topinambur, Spargel, Artischocken und Chicorée vor.

Lactoseintoleranz bezeichnet die Unfähigkeit, den in Milchprodukten enthaltenen Milchzucker (Lactose) aufgrund eines Mangels an dem Enzym Lactase zu verdauen, was zu Bauchschmerzen, Blähungen und Durchfall führen kann. Die Behandlung beinhaltet die Vermeidung von lactosehaltigen Lebensmitteln.

Leaky Gut (engl. für »durchlässiger Darm«) beschreibt eine gestörte Barrierefunktion der Darmschleimhaut. Nahrung, Bakterien und Toxine können aus dem Darm in den Blutkreislauf gelangen und Entzündungen fördern. Es kommt zu Verdauungsbeschwerden und langfristig zu CED.

MACs (microbiota-accessible carbohydrates) sind für uns unverdauliche, aber für die Darmmikrobiota verwertbare Kohlenhydrate. Sie bauen die guten Darmbakterien auf. Dabei entstehen Milchsäure und kurzkettige Fettsäuren.

Makrophagen, auch Fresszellen genannt, gehören zu den Phagozyten. Sie sind in Organen wie Milz, Leber, Lunge etc. lokalisiert und vernichten dort Viren, Bakterien und Toxine.

Mikrobiom nennt man die Mikrobiota sowie ihre Gene, Stoffwechselprodukte und ihr Umfeld und Lebensraum.

Mikrobiota bezeichnet die Gesamtheit aller Mikroorganismen (Bakterien, Pilze, Viren und Co). Je vielfältiger die Mikrobiota zusammengesetzt ist, desto stabiler und widerstandsfähiger gegenüber Störungen ist sie.

Mikroorganismen/Mikroben sind mikroskopisch kleine Lebewesen, zu denen Bakterien, Pilze und Viren gehören. Im Darm existieren etwa 100–1000 Billionen Mikroorganismen, die als Darmmikrobiota/Darmflora bezeichnet werden. Sie erfüllen eine Vielzahl von Funktionen im Verdauungssystem, im Stoffwechsel und im Immunsystem.

Mittelmeerdiät oder mediterrane Ernährung ist eine Ernährungsweise basierend auf viel Obst und Gemüse, Hülsenfrüchten, Vollkorn-Getreideprodukten, Olivenöl, moderatem Fischkonsum sowie einer gemäßigten oder geringen Menge an Milchprodukten, Wein und Fleisch.

NOVA-Klassifizierung unterteilt Lebensmittel je nach Verarbeitungsgrad in vier Gruppen: unverarbeitete, minimal verarbeitete Zutaten, verarbeitete Lebensmittel und hoch verarbeitete Lebensmittel.

Nulldiät heißt die Form des Fastens, bei der keine Nahrung, mit Ausnahme von Wasser, zu sich genommen wird.

Pektin ist ein löslicher Ballaststoff, der vor allem in Äpfeln enthalten ist. Daraus wird zum Beispiel Gelierzucker hergestellt. Auch andere Obstsorten wie Quitten, Kaki, Blaubeeren, Zitrusfrüchte, Steinobst, aber auch Möhren enthalten Pektin. Es gelangt unverdaut in den Dickdarm und füttert dort die Darmmikrobiota.

Peptide sind aus Aminosäuren aufgebaute Moleküle, die jedoch kleiner als Proteine sind.

Phagozyten sind weiße Blutkörperchen, die Krankheitserreger, Fremdstoffe und abgestorbene Gewebeteilchen verschlingen und diese durch Enzyme auflösen, um sie unschädlich zu machen.

Postbiotika bestehen aus nicht lebenden Mikroorganismen und deren gesundheitsfördernden Stoffwechselprodukten. Dazu gehören die kurzkettigen Fettsäuren, wie Butyrat, Propionat und Azetat. Postbiotika werden in Darm-Präparaten oft mit Probiotika kombiniert.

Prebiotika sind nicht verdaubare Lebensmittelbestandteile, etwa Ballaststoffe wie Inulin und Oligofructose. Sie dienen den guten Bakterien als Futter – nützliche Bakterien werden gefördert, gesundheitsschädliche Bakterien reduziert.

Probiotika nennt man lebende Mikroorganismen, die nachweislich im Dickdarm MACs zu kurzkettigen Fettsäuren abbauen und so das Mikrobiom stärken. Sie sind in frisch fermentierten Lebensmitteln enthalten, aber auch als Präparate erhältlich.

Propionat ist eine kurzkettige Fettsäure. Sie entsteht bei der bakteriellen Fermentation von Ballaststoffen. Sie wirkt entzündungshemmend, dient als Energiequelle für die Darmzellen und hat eine stoffwechsel- und appetitregulierende Wirkung.

Reizdarmsyndrom ist eine chronische Erkrankung des Verdauungstrakts, bei der es zu wiederkehrenden Bauchschmerzen, Verstopfung und Durchfall kommt. Etwa 10–20 % der Bevölkerung sind betroffen. Die genauen Ursachen der Erkrankung sind unklar. Ziel der Behandlung ist es, die Symptome zu lindern, beispielsweise durch eine FODMAP-arme Diät.

Resistente Stärken, auch retrogradierte Stärken, entstehen durch das Abkühlen gegarter stärkehaltiger Nahrungsmittel wie Kartoffeln, Reis und Nudeln, aber auch Brot. Durch das Abkühlen verändert die Stärke ihre chemische Struktur. Die Stärke kann im Verdauungstrakt nicht mehr vollständig abgebaut werden und wird zu Ballaststoffen, die der Mikrobiota als Nahrung dienen.

Schleimstoffe sind komplexe Zuckerverbindungen, die in Floh-, Chia- und Leinsamen vorkommen. Sie sind ebenfalls wirksame Nahrung für die Darmbakterien. Sie entfalten ihre Wirkung erst, wenn sie eingeweicht sind und eine gelartige Konsistenz bilden.

Superfood ist eine Bezeichnung für Lebensmittel, die einen besonders hohen Gehalt an wertvollen Inhaltsstoffen wie Vitaminen, Mineralstoffen und/oder sekundären Pflanzenstoffen aufweisen. Oft werden Superfoods auch gesundheitsfördernde Eigenschaften zugeschrieben – diese sind jedoch meist nicht wissenschaftlich belegt.

Süßstoffe sind Süßungsmittel, wie Saccharin und Aspartam, die im Gegensatz zu Zucker/-austauschstoffen keine Energie liefern und eine weitaus höhere Süßkraft als Haushaltszucker aufweisen. Sie wirken wahrscheinlich negativ auf die Darmmikrobiota.

Synbiotika nennt man die Kombination aus Pre- und Probiotika. Den Bakterien wird das Futter also gleich mitgeliefert.

Tight junctions (engl. für »enge Verbindungen«) sind Zellstrukturen, die den Transport von Molekülen und Zellen zwischen jeweils zwei Darmzellen kontrollieren. Sie sind bei einem gesunden Darm eng verbunden und bilden zum Darmraum hin eine Barriere, die vor Bakterien und schädlichen Keimen schützt, aber Nährstoffe und notwendige Moleküle durchlässt. Werden diese »tight junctions« zerstört, kommt es zum Leaky-Gut-Syndrom.

UPFs (ultra-processed foods) sind hoch verarbeitete Lebensmittel. Diese Lebensmittel enthalten in der Regel viele Zusatzstoffe, wie Konservierungsmittel, Süßstoffe, Geschmacksverstärker, Farbstoffe und Aromen, sowie ungesunde Fette, Zucker und Salz.

Xylit, auch Birkenzucker genannt, ist ein Zuckeralkohol. Er gelangt teilweise unverändert in den Dickdarm, was sich negativ auf die Darmmikrobiota auswirkt. Es kann zu Verdauungsbeschwerden kommen.

Zöliakie ist eine Unverträglichkeit des Dünndarms gegenüber Gluten. Das Immunsystem reagiert überempfindlich auf das Gluten und löst eine chronische Entzündung der Dünndarmschleimhaut aus. Etwa 1 von 100 Personen ist von Zöliakie betroffen. Zu den Symptomen zählen unter anderem Magen-Darm-Beschwerden (Bauchschmerzen, Blähungen, Stuhlveränderungen), Appetitlosigkeit und Müdigkeit. Als Therapiemöglichkeit gilt eine glutenfreie Ernährung.

Zuckeralkohole bzw. Zuckeraustauschstoffe sind Süßungsmittel wie beispielsweise Erythrit oder Xylit. Sie sind kalorienarm, haben eine ähnliche Süßkraft wie Haushaltszucker, aber benötigen kein Insulin für ihren Stoffwechsel und haben deshalb einen geringeren Einfluss auf den Blutzuckerspiegel.

Zytokine sind Botenstoffe, über die Immunzellen miteinander kommunizieren. Sie regulieren die Kommunikation zwischen den Zellen und spielen eine Schlüsselrolle bei der Steuerung von Entzündungen und Immunantworten im Körper.

LITERATUR

Agus, A., Clément, K., & Sokol, H. (2021). Gut microbiota-derived metabolites as central regulators in metabolic disorders. Gut, 70, 1174–1182.

Berg, G., Rybakova, D., Fischer, D., et al. (2020). Microbiome definition re-visited: old concepts and new challenges. Microbiome, 8, 1–22.

Cryan, J.F., O'Riordan, K.J., Cowan, C.S.M., et al. (2019). The Microbiota-Gut-Brain Axis. Physiological Reviews, 99, 1877–2013.

DGE – Deutsche Gesellschaft für Ernährung e.V. (2021). DGEwissen, 9/2021. Wiesbaden: Umschau Zeitschriftenverlag GmbH.

DGE – Deutsche Gesellschaft für Ernährung e.V. (2023). DGEwissen 7/2023. Wiesbaden: Umschau Zeitschriftenverlag GmbH.

Dimidi, E., Cox, S., Rossi, M., et al. (2019). Fermented Foods: Definitions and Characteristics, Impact on the Gut Microbiota and Effects on Gastrointestinal Health and Disease. Nutrients, 11, 1806.

FAO – Food and Agricultural Organization. (1989). Food and Nutrition Paper No. 51, Protein quality evaluation, S. 32, Table 8.

Gentile, C.L., & Weir, T.L. (2018). The gut microbiota at the intersection of diet and human health. Science, 362, 776–780.

Kok, C.R., & Hutkins, R. (2018). Yogurt and other fermented foods as sources of health-promoting bacteria. Nutrition Reviews, 76, 4–15.

Kurilshikov, A., Medina-Gomez, C., Bacigalupe, R., et al. (2021). Large-scale association analyses identify host factors influencing human gut microbiome composition. Nat Genet, 53, 156–165.

Levy, M., Kolodziejczyk, A.A., Thaiss, C.A., et al. (2017). Dysbiosis and the immune system. Nat Rev Immunol, 17, 219–232.

Makki, K., Deehan, E.C., Walter, J., et al. (2018). The Impact of Dietary Fiber on Gut Microbiota in Host Health and Disease. Cell Host & Microbe, 23, 705–715.

Ma, N., Tian, Y., Wu, Y., & Ma, X. (2017). Contributions of the interaction between dietary protein and gut microbiota to intestinal health. Current Protein and Peptide Science, 18(8), 795–808.

Ooi, S.L., Correa, D., & Pak, S.C. (2019). Probiotics, prebiotics, and low FODMAP diet for irritable bowel syndrome – What is the current evidence? Complement Ther Med, 43, 73–80.

Pei, R., Martin, D.A., DiMarco, D.M., et al. (2017). Evidence for the effects of yogurt on gut health and obesity. Critical Reviews in Food Science and Nutrition, 57, 1569–1583.

Ratsika, A., Codagnone, M.C., O'Mahony, S., et al. (2021). Priming for Life: Early Life Nutrition and the Microbiota-Gut-Brain Axis. Nutrients, 13, 423.

Rinninella, Cintoni, Raoul, et al. (2019). Food Components and Dietary Habits: Keys for a Healthy Gut Microbiota Composition. Nutrients, 11, 2393.

Simon, E., Călinoiu, L.F., Mitrea, L., & Vodnar, D.C. (2021). Probiotics, Prebiotics, and Synbiotics: Implications and Beneficial Effects against Irritable Bowel Syndrome. Nutrients, 13(6), 2112.

So, D., Loughman, A., & Staudacher, H.M. (2022). Effects of a low FODMAP diet on the colonic microbiome in irritable bowel syndrome: a systematic review with meta-analysis. Am J Clin Nutr, 116(4), 943–952.

Valdes, A.M., Walter, J., Segal, E., et al. (2018). Role of the gut microbiota in nutrition and health. BMJ, 361, k2179.

Vandeputte, D., & Joossens, M. (2020). Effects of Low and High FODMAP Diets on Human Gastrointestinal Microbiota Composition in Adults with Intestinal Diseases: A Systematic Review. Microorganisms, 8(11), 1638.

Wang, S., Harvey, L., Martin, R., et al. (2018). Targeting the gut microbiota to influence brain development and function in early life. Neuroscience & Biobehavioral Reviews, 95, 191–201.

Wilmanski, T., Diener, C., Rappaport, N., et al. (2021). Gut microbiome pattern reflects healthy ageing and predicts survival in humans. Nat Metab, 3, 274–286.

Xie, Y., Cai, L., Zhao, D., Liu, H., Xu, X., Zhou, G., & Li, C. (2022). Real meat and plant-based meat analogues have different in vitro protein digestibility properties. Food Chemistry, 387, 132917.

Zawada, A., Rychter, A. M., Ratajczak, A. E., et al. (2021). Does Gut-Microbiome Interaction Protect against Obesity and Obesity-Associated Metabolic Disorders? Microorganisms, 9, 18.

Zhang, T., Zhang, C., Zhang, J., Sun, F., & Duan, L. (2022). Efficacy of Probiotics for Irritable Bowel Syndrome: A Systematic Review and Network Meta-Analysis. Front Cell Infect Microbiol, 12, 859967.

Zhao, J., Zhang, X., Liu, H., Brown, M. A., & Qiao, S. (2019). Dietary Protein and Gut Microbiota Composition and Function. Curr Protein Pept Sci, 20(2), 145–154.

DANKE! DANKE! DANKE!

Hinter der Kamera hat mich meine Volontärin Ina Berdich, Ökotrophologin wie ich, unterstützt und ihre Liebe zur Food-Fotografie entdeckt. Ich danke ihr dafür von Herzen – und meinen Praktikanten, die unermüdlich geschnippelt, gekocht, angerichtet und probiert haben. Unsere gemeinsamen darmgesunden Mahlzeiten waren immer das Highlight des Tages und taten allen gut.

Schöne Food-Fotos brauchen gute Requisiten. Dabei haben mir diese Firmen mit ihren wunderschönen Produkten geholfen – Ich bedanke mich dafür bei:

ASA Selection
Cosy & Trendy
CreaTable by Grestel
Eschenbach Porzellan
Le Creuset
REVOL
Remember
Riess
Rosenthal
Silit
Staub
Pillivuyt
Villeroy & Boch
Zassenhaus

REZEPTVERZEICHNIS

I

J

K

L

M

N

O

P

Q

R

S

T

SUPERFOODS FÜR DEN DARM:

Kichererbsen sind – wie alle Hülsenfrüchte – sehr ballaststoffreich. Damit unterstützen sie die Verdauung und dienen als Futter für gute Darmbakterien. Das besondere an Kichererbsen: Sie sind neutral im Geschmack und finden in sämtlichen Gerichten ihren Platz. Dazu kommt, dass sie fertig gegart erhältlich und preiswert sind.

Durch die enthaltenen Glucane sind Haferflocken wahre Darmschmeichler. Denn auch diese werden zu kurzkettigen Fettsäuren (Darmfutter!) abgebaut. Im Alltag sind Haferflocken das perfekte Darm-Superfood: Neben dem Klassiker mit Obst und Joghurt können sie – im Ganzen oder als Mehl – auch in Kuchen, Brot oder für Teig verwendet werden.

Was macht Sauerteigbrot so besonders? Die Fermentation natürlich. Dadurch enthält es Milchsäurebakterien. Und diese unterstützen die Verdauung, bekämpfen schädliche Bakterien und stärken die Darmbarriere. Ob selbst gebacken oder gekauft – für die Darmgesundheit ist Sauerteigbrot (aus Vollkorn!) immer eine gute Wahl.